Psicotecnica Papers

papers.psicotecnica.it

Psicotecnica Papers is a quality label for scientific psychological contributions (*Psicotecnica* is Psychotechnique in the Latin-European Italian cultural way) made accessible globally in English or/and in Italian. The *Psicotecnica Papers* are produced under the supervision of the Psicotecnica Workshop in the Department of Psychology, at the six centuries old Università di Torino. Although many *Psicotecnica Papers* obtain considerable success among scholars, professionals and students: *Psicotecnica Papers* are selected only by the fact of being scientifically sound, and not because they are commercial texts.

Recent Psicotecnica Papers:

Felice PERUSSIA, Rossella GUARNA - *PsyLogy Tables: Introducing the official format*. Milano: Psicotecnica, 2012.

Justinus KERNER - *Klecsographien (1857-1890)*. Ristampa anastatica a cura di Felice Perussia, con il saggio: *Macchie d'Inchiostro, Kerner, Dearborn, Rorschach e le psicotecniche proiettive*. Milano: Psicotecnica, 2012.

Felice PERUSSIA - *La Ragione Precausale: Rappresentazioni del mondo nella maturità e nell'infanzia (1983)*. Ristampa anastatica. Milano: Psicotecnica, 2013.

Ruth MCENERY STUART, Albert BIGELOW PAINE - *Gobolinks: Or shadow pictures for young and old (1896)*. Ristampa anastatica a cura di Felice Perussia, con il saggio: *Macchie d'inchiostro, Gobolinks, Test Proiettivi*. Milano: Psicotecnica, 2013.

Felice PERUSSIA - *Manuale completo di ipnosi: Nuova edizione riveduta e ampliata*. Milano: Psicotecnica, 2013.

Felice Perussia è stato il primo Preside nella Facoltà di Psicologia dell'Università di Torino, dove è professore ordinario di Psicologia Generale. Si è formato nell'Istituto di psicologia della Facoltà Medica di Milano, con Marcello Cesa-Bianchi. Ha lavorato a lungo con Gaetano Kanizsa, nella ricerca di laboratorio sulla percezione, insieme a Roberto Masini. Ha frequentato a vario titolo, tra l'altro, le Università di: Milano, Siena, Palermo, Pennsylvania at Philadelphia, Sorbonne Paris, California at Berkeley. Sviluppa da decenni studi e applicazioni nel campo della psicotecnica, in laboratorio e sul terreno, a livello individuale e di gruppo come anche nell'ambito della formazione e della creatività. Si è specializzato negli interventi attuati con lo psicodramma e con l'ipnotecnica. Ha realizzato il Programma Itapi (Italia Personality Inventories) e il test proiettivo PsyLogy. E' presidente della Società Italiana di Psicotecnica SIPSICO. È tra i fondatori del Centro di Scienza Cognitiva nell'Università di Torino. È stato membro del comitato d'indirizzo, o direttore scientifico, in una diecina di scuole di psicoterapia. Tra i suoi libri: INTRODUZIONE ALLA PSICOLOGIA MEDICA [1978]; LA RAGIONE PRECAUSALE [1983]; PENSARE VERDE [1989]; PSICOLOGO [1994]; CENT'ANNI DOPO [1999]; STORIA DEL SOGGETTO [2000]; THEATRUM PSYCHOTECHNICUM [2002]; REGIA PSICOTECNICA [2004]; ITAPI-G [2005]; ITAPI VALORI e TIPOLOGIE [2006 e 2008, con R. Viano]; MEMORIA SULLA SCOPERTA DELLA PSICOTECNICA [2010]; PSYLOGY TABLES FORMAT [2012, con R. Guarna]; MANUALE COMPLETO DI IPNOSI [2013; edizione ampiamente rinnovata della precedente stampa provvisoria, 2011].

Felice PERUSSIA

La Ragione Precausale
Rappresentazioni del mondo
nella maturità e nell'infanzia

EDIZIONE ORIGINALE 1983

Psicotecnica edizioni
Milano, 2013

La Ragione Precausale
Rappresentazioni del mondo nella maturità e nell'infanzia
© **Copyright 1983-2013**
by Felice Perussia

Edizione precedente: Milano, Unicopli, 1983
Nuova edizione, senza modifiche © 2013 by Felice Perussia

ISBN-13: 978-1490920993
ISBN-10: 1490920994

Publishing services are kindly provided pro bono and for the free
advancement of science by: *Psicotecnica*, Cirene 3, Milano, Italia
www.papers.psicotecnica.it

Seattle, WA, USA   www.createspace.com

Psicotecnica Papers are available also in e-book format

The marketing of the copies and the management of copyright
royalties for this edition are operated by
CreateSpace, Seattle, WA, USA

In copertina: *"Le tre età dell'uomo"* particolare
di Giorgione (attribuzione Morelli)

INDICE

PREFAZIONE 2013
per la ristampa nel 30° anno dalla edizione originale

LA RAGIONE PRECAUSALE: RAPPRESENTAZIONI DEL MONDO NELLA MATURITÀ E NELL'INFANZIA *è un'indagine approfondita attraverso cui ho messo in chiara evidenza, sulla base di una quantità di dati affascinanti e talvolta sbalorditivi, come molti bambini ragionino abitualmente alla maniera di molti dei maggiori scienziati della storia, cioè nei loro stessi termini logici e con le loro medesime parole. Ovverosia: che molti adulti, specie tra quelli più brillanti sul piano intellettuale, ragionano scientificamente come dei bambini.*

Il fatto di avere dimostrato l'esistenza pervasiva di una forma di ragionamento, solido e autonomo, che esiste prima (e in modo indipendente) dall'ideologia logico-matematica che alcuni hanno voluto rendere obbligatoria nelle scuole del mondo occidentale-industriale, ci fa ben sperare per la sopravvivenza del nostro pensiero libero e creativo, così come per l'indipendenza intellettuale dei bambini. Mentre è per noi motivo di fiducia anche la constatazione che, quando è meno presente l'inesorabile propaganda che continuamente ci propone la versione più grossolana del movimento scientista: molti scienziati propongano come conoscenza elevata i pensieri di bambini in età prescolare; mentre molti bambini, quando non sono costretti a mimetizzare i propri pensieri per fingersi dei seguaci banalizzati di Galileo, sviluppano spesso delle idee scientificamente geniali.

Oppure, detto altrimenti: ci conforta la deduzione evidente, che si può trarre dalla RAGIONE PRECAUSALE, *secondo cui il libro della natura esiste (ed è scritto in lingua matematica) solo per chi nutre a-priori un simile pregiudizio, e quindi riesce a nascondere a se stesso, seppellendolo sotto un tale spettro ideologico, l'intrinseca vitalità e l'infinito mistero della realtà in cui tutti noi siamo immersi. E di cui i bambini, così come gli scienziati più liberi e creativi, si rendono invece conto perfettamente.*

Passando poi alle cronache: ricordo che questo saggio (così come viene rimesso a disposizione qui) è apparso originariamente nel 1983. Ma è sempre stato un lavoro relativamente iniziatico e di nicchia. Alla sua pubblicazione il libro ebbe, come si dice, un buon successo di critica, ma solo un limitato seguito di pubblico. Quando lo feci vedere a Kanizsa, di cui allora ero fortunato quanto onorato allievo, mi disse (immagino: in primo luogo per affettuosa cortesia) che a suo parere era un ottimo testo gestaltista, nel senso che la RAGIONE PRECAUSALE *esalta il primato della fenomenologia come base per la conoscenza scientifica, mentre porta rilevanti prove a favore del fatto che gli stadi dello sviluppo cognitivo infantile non esistono in natura; nel senso che: il modo di ragionare e di rapportarsi al mondo dei bambini vi appare strutturalmente simile a quello degli adulti. Mi suggerì anche di presentare, come integrazione al libro, una rassegna che introducesse alla visione della precausalità per il suo Giornale Italiano di Psicologia. Invito cui risposi immediatamente.*

Comunque, a parte le attestazioni di simpatia e di stima da parte di molti compagni di ricerca, è un fatto che il testo non viene più ristampato da molto tempo (cioè da oltre un quarto di secolo). Nel contempo, mi è stato chiesto più volte, per iniziativa di allievi e di studiosi, di poter trovare qualche copia fisica del volume. Anche perché alcuni, avendo seguito certi miei incontri e seminari sul tema o avendone potuto vedere qualche fotocopia o riproduzione in pdf, hanno ritenuto che il lavoro continui inesorabilmente a contenere delle evidenze piuttosto dirompenti rispetto a molti diffusi pregiudizi che sono fin troppo radicati in un parte della psicologia moderna.

Quasi come una celebrazione per i 30 anni di vita della RAGIONE PRECAUSALE, *ho dunque ritenuto che valesse la pena di rendere disponibile, anche grazie alla cortesia di Psicotecnica, una edizione del libro che sia in pratica la ristampa del testo così come si è presentato sin dall'inizio, senza cambiare in nulla il suo contenuto originale e nemmeno l'impaginazione. Quindi, pur avendo raccolto nel frattempo anche molti nuovi riscontri di quanto ho evidenziato qui,** mi è parso opportuno non apportare cambiamenti al volume, anche per rispettare l'originalità di un intervento che è a suo modo storico.*

Ecco dunque che la RAGIONE PRECAUSALE *riprende nuova vita. Anche perché, a tre decenni da quando ha visto la luce, sembra mantenere tutta la sua stimolante forza propositiva. Le auguro dunque di poter continuare a svolgere, ancora a lungo, tutta la sua funzione di spirito critico, per una psicologia che possa diventare sempre più lucidamente scientifica, ma anche sempre meno pedissequamente scientista.*

Milano, luglio 2013

---

* Perussia, F. - Ricerche sul pensiero precausale: Una rassegna. *Giornale Italiano di Psicologia*, 11(2), 1984, 193-224.

** Tra i lavori che più direttamente rappresentano uno sviluppo della *Ragione Precausale*, mi permetto di ricordare i miei: *Storia del soggetto: La formazione mimetica della persona* e *Theatrum psychotechnicum: L'espressione poetica della persona* (Torino, Bollati Boringhieri, 2000 e 2002).

PREFAZIONE 1983

Viene qui proposto un esercizio di lettura su temi ormai classici della psicologia dell'età evolutiva, che si riflettono però ampiamente sulla teoria psicologica nel suo complesso. Si tratta dell'esistenza o meno di un pensiero infantile (precausale e prelogico) che distingua chiaramente le modalità di ragionamento del bambino da quelle dell'adulto. Il principale sostenitore dell'esistenza di una tale ragione 'inferiore', radicalmente diversa dalla 'superiore' ragione matura, è Jean Piaget. La serietà scientifica di questo Autore è notevole, e grande il suo contributo alla fondazione di una psicologia rigorosa. Non è quindi senza imbarazzo che mi trovo a dubitare delle sue tesi (benché non certo dei suoi protocolli sperimentali, di cui anzi mi servo). La ricerca condotta in queste pagine non ha però la pretesa di essere né esclusiva né conclusiva. E' una proposta possibile: una sorta di ginnastica interpretativa che si affianca ad altre analisi per sviluppare un apporto di conoscenza e non di polemica. Alla esposizione di quelli che mi sono sembrati 'fatti' fanno seguito alcuni spunti di meditazione, che non chiudono la questione ma si limitano ad avanzare delle ipotesi costruttive. Ognuno giudichi poi da sé la portata di queste elucubrazioni.

Milano, maggio 1983

Capitolo 1

PRECAUSALITA' INFANTILE E CONOSCENZA ADULTA

1. *L'evoluzione della realtà-causalità*

La teoria dello sviluppo mentale proposta da Jean Piaget rappresenta uno dei modelli esplicativi più diffusi ed accettati nell'ambito della psicologia contemporanea in buona parte del mondo. Anche per gli autori che ne mettono in dubbio la validità, essa rappresenta un punto di riferimento ineliminabile. Forse l'unica altra teoria generale dell'evoluzione psicologica con cui può essere confrontata, dal punto di vista della complessità teorica e della popolarità (tanto fra gli psicologi quanto fra il pubblico non specializzato), è il modello psicoanalitico proposto da Freud con particolare riferimento allo sviluppo affettivo.

Il pensiero piagetiano ha un notevole rilievo in Italia, dove gode di una stima particolare non solo per quanto concerne la psicologia dell'età evolutiva, ma anche per la psicologia generale, la pedagogia, l'epistemologia e via dicendo. Esistono edizioni in lingua italiana di decine di suoi lavori, mentre è frequente che lo si trovi citato o discusso in una rivista di psicologia ma anche di molte discipline collegate.

La teoria di Piaget è ben conosciuta ai molti. Sarà tuttavia utile ricordarne in rapida sintesi qualche elemento.

In particolare: secondo l'Autore, vi è una serie di stadi cognitivi che si susseguono nella vita di ciascuno fino al raggiungimento del modo di pensare adulto, che a noi pare del tutto naturale ma che rappresenta in effetti il prodotto di una serie di complesse rielaborazioni intellettuali. Gli stadi attraverso cui passa successivamente lo sviluppo cognitivo sono quattro.

1) Il periodo *senso-motorio* (fino ai 18-20 mesi), durante il quale

9

le costruzioni mentali "si effettuano sulla base esclusiva di una coordinazione senso-motoria delle azioni senza l'intervento della rappresentazione o del pensiero" (Piaget e Inhelder, 1966 p. 14).

2) Il livello *pre-operatorio* (dai 2 ai 7-8 anni) durante il quale l'intelligenza "si prolunga ormai in pensiero propriamente detto, in virtù della 'duplice influenza del linguaggio e della socializzazione" (Piaget, 1940 p. 30) anche se le diverse manifestazioni di tale pensiero appena sbocciato sono caratterizzate dal loro "carattere prelogico: consistono tutte in un'assimilazione deformante della realtà alla propria attività" (ivi p. 36).

3) Il periodo *operatorio-concreto* (dai 7-8 agli 11-12 anni) durante il quale "l'intelligenza rappresentativa esordisce (...) con una centrazione sistematica sull'azione propria e sugli aspetti figurativi momentanei dei settori del reale sui quali si basa, poi perviene ad un decentramento fondato sulle coordinazioni generali dell'azione e che consente di costituire i sistemi operativi di trasformazioni e le invarianti o conservazioni liberando la rappresentazione del reale dalle sue ingannevoli apparenze figurative" (Piaget e Inhelder, 1966 p. 111).

4) Il periodo delle *operazioni formali* o proposizionali o ipotetico-deduttive (dagli 11-12 ai 14-15 anni), cioè l'acquisizione di modalità cognitive adulte che permarranno più o meno per tutta la vita, durante il quale si afferma "la libera attività di riflessione spontanea" (Piaget, 1940 p. 72) e diventa possibile il pensiero astratto che è finalmente "in grado di trarre conclusioni da pure ipotesi e non soltanto da una osservazione concreta" (ivi p. 71). E' durante questo stadio che il soggetto tende, per naturale evoluzione delle sue strutture cognitive, verso la logica vera e propria. "Il che non significa essere portati al logicismo, ma semplicemente servirsi di un'algebra generale e qualitativa piuttosto di (o prima di) ricorrere alla quantificazione statistica" (Piaget e Inhelder, 1966 p. 113).

Il concetto di fondo che Piaget vuole esprimere è l'esistenza di una profonda continuità tra ciò che è biologico e ciò che è mentale. In particolare: contrariamente alla convinzione generalmente diffusa nell'ideologia pre-positivistica secondo cui il bambino va considerato sostanzialmente come un uomo in miniatura, l'Autore evidenzia a chiare lettere la radicale diversità tra il mondo intellet-

10

tuale dell'adulto e quello del fanciullo. Egli ritiene che una qualche forma di ragione sia presente in tutte le età, e che tuttavia ogni singolo livello della crescita cognitiva individuale è caratterizzato da proprie strutture e propri contenuti, che sono autonomi ed indipendenti (se pure nell'ambito di una continuità evolutiva) da tutti gli altri stadi. Tale concezione generale dello sviluppo mentale emerge da una lunga serie di sperimentazioni che Piaget, anche con l'apporto dei collaboratori della Scuola di Ginevra, ha condotto sui più diversi aspetti della crescita intellettuale.

Nell'ambito di questo vasto impegno teorico e di ricerca vi sono due temi di carattere generale cui Piaget ha attribuito una speciale importanza: il problema della causalità e quello dell'epistemologia genetica.

La sua analisi della causalità ha riguardato la spiegazione infantile dei fenomeni naturali, l'attribuzione alla realtà dei rapporti di causa ed effetto, lo sviluppo dell'induzione. La costruzione dell'epistemologia genetica si basa sulla constatazione dell'esistenza di un legame tra l'evoluzione mentale del singolo soggetto e la crescita della sua capacità-volontà di conoscere, ovvero dell'eventuale continuità tra la biografia intellettuale dell'individuo e l'evoluzione storica della scienza.

Il tema della realtà (o rappresentazione del mondo) e della causalità, in particolare, è stato uno dei primi che Piaget abbia affrontato (1) in due lavori tanto strettamente coordinati fra loro da poter essere considerati come un solo volume in due tomi (2). Il primo si occupa della Rappresentazione del Mondo nel fanciullo (RM), il secondo esamina i modelli spontanei della Causalità Fisica (CF). En-

(1) Prima di questi due volumi Piaget aveva pubblicato, nel campo della ricerca psicologica, altri due testi (Piaget, 1923 e 1924). In essi, sotto la denominazione generale di "studi sulla logica del fanciullo" (Piaget, 1924 p. 206), viene sviluppato un primo approccio a molti dei temi che verranno meglio definiti e sistematizzati nei lavori sulla realtà-causalità.

(2) Come era già avvenuto per la precedente coppia di testi (Piaget, 1923 e 1924), benché si tratti di due libri pubblicati separatamente, le conclusioni (oltre che un riassunto generale) relative ad entrambi si trovano nel secondo tomo. Avviene così che il capitolo conclusivo su "la realtà e la causalità nel bambino" è presente nell'ultimo dei due (CF p. 201-261). Ciò, tra l'altro, può aver dato luogo a qualche fraintendimento fra i lettori, specie nell'edizione italiana che è stata curata da editori diversi (e in tempi successivi) per ciascun titolo.

trambi i lavori hanno ottenuto un grande successo tra il pubblico internazionale e sono stati pubblicati, tra le molte versioni, anche in lingua italiana (3).

I due testi riportano stralci tratti da numerose interviste (4) a bambini di diversa età, per lo più tra i 5 e gli 11 anni, nel corso delle quali vengono poste alcune domande relativamente a fenomeni di comune esperienza quali: il pensiero, la visione, l'origine dei nomi, i sogni, il movimento, la coscienza, la vita, il sole, la luna, gli astri, la volta del cielo, la notte, le ombre, i tuoni, i lampi, la pioggia, i fiumi, il mare, gli alberi, le montagne, la terra, la nascita dei bambini, l'aria, il vento, la respirazione, le nuvole, la gravità, la forza, il galleggiamento, il meccanismo di alcune macchine.

Dopo questi primi lavori, Piaget ha poi ripreso l'analisi della realtà-causalità in diverse ricerche; tra l'altro in uno scritto, di impostazione maggiormente teorico-astratta ed in termini di logica formale, redatto in collaborazione con R. Garcia (Piaget e Garcia 1971) e in una antologia-dibattito, da lui organizzata, che ha visto la partecipazione di M. Bunge, F. Halbwachs, T.S. Kuhn, L. Rosenfeld (Piaget 1971a).

Prendendo le mosse da una serie di evidenze sperimentali pazientemente raccolte presso il laboratorio di Ginevra, Piaget elabora, conformemente alla sua teoria generale dell'evoluzione cognitiva, un modello particolare relativo allo sviluppo specifico della rappresen-

---

(3) Entrambe le edizioni italiane contengono una introduzione di Guido Petter. E' a queste traduzioni, invece che all'edizione originale francese, che ho deciso di rifarmi nelle citazioni riportate in questa sede. Mantenere le parole di Piaget nella lingua d'origine avrebbe significato restringere inopportunamente le possibilità di comprensione del testo per una parte del pubblico. Una mia traduzione dei singoli passi, operata direttamente sul testo francese, sarebbe stata certo meno precisa di quella elaborata da un professionista e presentata da uno scienziato come Petter. Ho scelto dunque di utilizzare la versione in cui queste ricerche sono state conosciute da decine di migliaia di studenti e di studiosi del nostro Paese.

(4) Uso il termine *intervista*, invece del termine *colloquio*, poiché nel concetto di colloquio è implicita una impostazione non direttiva e caratterizzata da un interesse intrinseco per entrambi i partecipanti. Qui invece le domande hanno quasi il carattere di un test, come indica lo stesso Piaget nell'introduzione metodologica (RM cap. I par. I), strettamente finalizzato alla raccolta di dati obiettivi da utilizzare in un ambito esterno al colloquio stesso.

tazione del mondo e della causalità nel fanciullo, che mette pienamente in risalto il divario sostanziale tra le modalità cognitive peculiari ai primi anni di vita e quelle proprie all'età adulta. Lo sviluppo mentale viene così tradotto in una sequenza di stadi che si succedono l'uno all'altro sotto l'effetto di un principio cognitivo bipolare di alternanza fra *assimilazione*, o subordinazione del reale al nostro pregiudizio mentale, ed *accomodamento*, o adeguamento al reale della nostra ingenuità intellettuale. Tale avvicendamento si evolve in modo tale che lo stadio successivo nasce da una completa ristrutturazione gestaltica del precedente, il quale viene quindi progressivamente superato per essere sostituito da uno stadio profondamente nuovo.

Le prime tappe di tale sviluppo infantile sarebbero dunque caratterizzate da una modalità di interpretazione del reale definibile come *precausalità*, vale a dire dalla "indifferenziazione fra causalità fisica e connessione psicologica e intenzionale" (RM p. 203) per cui il bambino interpreta il proprio mondo come se avesse caratteristiche simili a quelle del suo Io, ancora mal differenziato dall'ambiente. Il rapporto con il reale è allora dominato dal pensiero appunto precausale, inquadrabile in alcuni paradigmi fondamentali: a) il *realismo*, secondo cui vi è "indifferenziazione dello psichico e del fisico" (Piaget e Inhelder, 1966 p. 96-97), i nomi sono parte delle cose cui corrispondono, il pensiero è una sorta di voce interiore, la vista consiste di una luce che promana fisicamente dagli occhi, e così via; b) *l'animismo*, secondo cui "tutto ciò che è in movimento è vivo e cosciente" (ivi p. 97); c) *l'artificialismo*, "o convinzione che le cose siano state costruite dall'uomo o da una attività divina che operi secondo le regole della costruzione umana" (Piaget, 1940 p. 35), per cui le nuvole, la pioggia, il sole, la luna e le cose della natura appaiono come il risultato di un intervento in qualche modo artificiale, o comunque esteriore rispetto alloro carattere di oggetti.

Tali modalità di pensiero, del resto ben note a chi abbia qualche familiarità con gli scritti di Piaget (5), si sviluppano soprattutto in un momento della vita infantile che abbiamo visto caratterizzato dal

(5) In queste pagine mi limito a sintetizzare i temi piagetiani relativi alla realtà-causalità. Per un inquadramento. generale del pensiero di questo Autore si vedano tra gli altri, oltre ai suoi testi originali: Petter, 1960; Piaget e Inhelder, 1966; Flavell, 1963.

pensiero pre-operatorio: "lo stadio dell'intelligenza intuitiva, dei sentimenti interindividuali spontanei, e dei rapporti sociali di subordinazione all'adulto (dai due ai sette anni, o seconda fase dell'infanzia propriamente detta)" (Piaget, 1940 p. 13).

Più in generale: lo sviluppo mentale sarebbe caratterizzato da una serie progressiva di interpretazioni della natura che si fanno via via più adeguate alla realtà dei fatti, in modo tale che ogni nuovo gradino rappresenta un passo avanti verso la consapevolezza razionale. Vi è dunque da una parte una tendenza di fondo verso la conoscenza, verso l'organizzazione dei fenomeni in sistemi relativamente coerenti, e dall'altra parte una produzione di contenuti originali, di risposte regolarmente mutevoli da uno stadio all'altro, che caratterizzano le diverse età concettuali dello sviluppo.

"Da un punto di vista funzionale, cioè considerando i movimenti generali della condotta e del pensiero, esistono funzioni costanti, comuni a tutte le età: ad ogni livello l'azione suppone sempre un interesse che la provochi (...) ad ogni livello, l'intelligenza cerca di comprendere e di spiegare, ecc. ecc. Ma se le funzioni dell'interesse, della spiegazione ecc. sono dunque comuni a tutti gli stadi, cioè 'invarianti' in quanto funzioni, è altrettanto vero che gli 'interessi' (contrapposti allo 'interesse') variano considerevolmente da un livello mentale all'altro, e le spiegazioni particolari (contrapposte alla funzione dello spiegare) sono forme molto diverse a seconda del grado di sviluppo intellettuale" (Piaget, 1940 p. 12-13). Ad ogni stadio il bambino fornisce dunque nuove descrizioni di quanto lo circonda e nel contempo dimentica, o rifiuta, le spiegazioni più infantili di cui si accontentava negli stadi precedenti.

2. Critiche e controcritiche

Contro queste ricerche sono state mosse alcune contestazioni. I limiti maggiori vengono ravvisati, in particolare, nel loro impianto metodologico e nelle modalità di analisi dei dati.

Dalla lettura dei resoconti piagetiani non appare chiaro quanti siano i bambini intervistati, chi essi siano, e quali siano stati i criteri di esecuzione delle interviste. Piaget si limita ad affermare: "abbiamo effettuato personalmente più di 600 osservazioni, e su molti argomenti i nostri collaboratori hanno esaminato da parte loro un gran numero di soggetti" (RM p. 12); ma non fornisce ulteriori particolari, a parte indicare gli intervistati con un nome di fantasia seguito dall'età, e lasciar capire che si tratta di bambini per lo più residenti a Ginevra, nella Svizzera francese.

E' raro che i protocolli riportati consistano di ragionamenti spontaneamente prodotti dal bambino bensì piuttosto di tentativi, da parte del piccolo, di far fronte all'incalzante sequenza dei 'perché?' cui ciascuno sperimentatore lo sottopone.

La particolare struttura delle domande, non di rado, può avere indotto implicitamente delle risposte precostituite dal modo in cui il quesito veniva posto; gli argomenti possono essere risultati talmente lontani dall'esperienza comune da produrre nel soggetto sistematici fraintendimenti. Lo stesso Piaget rileva inoltre (RM VII 4) come effettivamente si tratti di inchieste basate su comportamenti verbali relativi a fenomeni che il bambino non ha avuto occasione di maneggiare personalmente in quanto oggetti (come invece dovrebbe avvenire secondo i più tipici metodi piagetiani adottati in altre occasioni); il che può fornire, come risultato, definizioni di parole più che indizi di meccanismi cognitivi.

Anche la modalità di analisi dei dati si presta ad accuse di arbitrarietà. Essa si basa, almeno in parte, sull'introduzione di elementi interpretativi, potenzialmente ingiustificati, che permettano di far fronte al problema di discernere tra le affermazioni, spontaneamente collegate alle strutture del particolare stadio cognitivo che il soggetto sta attraversando, e la semplice ripetizione meccanica di spiegazioni precedentemente raccolte dagli adulti (6).   .

Piaget stesso controbatte a questa obiezione, di cui è ben conscio, sottolineando il peso di alcune circostanze favorevoli: la profondità della propria esperienza a discernere la sincerità dalla recitazione a memoria, cioè il suo occhio clinico; la regolarità con cui

(6) Questo rischio è particolarmente elevato se si considera che molti adulti hanno una curiosa propensione a fornire, quando interrogati dai bambini, delle risposte infantili, a carattere ingenuo e metaforico, invece che produrre risposte in termini di conoscenza adulta (su cui peraltro non sempre si sentono preparati).

le medesime spiegazioni si presentano in fanciulli che vivono in ambienti diversi e che non si conoscono; il fenomeno per cui solo "a partire dagli 8-9 anni i bambini cominciano a ripetere delle frasi apprese" (CF p. 74).

Resta il fatto che i soggetti intervistati hanno già superato la 'età dei perché' (è anzi dichiaratamente da un'analisi dei loro 'perché?' spontanei che prende in parte le mosse il lavoro di Piaget), hanno già avuto occasione di sentire innumerevoli giustificazioni da parte dei genitori e possono quindi avere raccolto e memorizzato qualche spiegazione eterodiretta. Capita altresì che alcune interpretazioni fornite dall'Autore relativamente a ciò che il soggetto 'voleva veramente dire' al di là delle sue stesse parole, appaiano più arbitrarie e meno convincenti di quanto egli pretenda.

Vi sono infine due criteri interpretativi, ben radicati nel metodo piagetiano, che, spingendo l'Autore ad una lettura relativamente parziale delle parole infantili, possono avere prodotto non pochi fraintendimenti.

Il primo limite di tale analisi consiste nel fatto che Piaget raccoglie dei dati sulla *rappresentazione* del mondo e della causalità nel fanciullo, ma li analizza come se riguardassero la *spiegazione* di questi fenomeni; ciò traduce, non sempre con ragione, una *descrizione*, ovvero una elencazione di coincidenze, in una *giustificazione*, ovvero una interpretazione in termini di causa ed effetto. Questo limite è rilevato dallo stesso Piaget, che nota come in diversi casi le risposte degli intervistati "fan l'effetto di semplici immagini o di semplici raffronti, senza preoccupazione di spiegazione causale" (RM p. 266). Ritiene però che il suo metodo di conduzione dell'intervista, abbinato alla prolungata esperienza, permetta di superare tale difficoltà.

Il secondo limite, relativo alle evidenze proposte da Piaget, concerne l'eccessiva cura che l'Autore pone nel ricercare e nell'evidenziare le presunte *strutture* delle risposte infantili, il che lo porta ad allentare l'attenzione sui *contenuti* di tali risposte. Così facendo, non di rado pare sfuggirgli il carattere tecnico, ed a loro modo non inverosimile, che molte spiegazioni-descrizioni infantili sembrano possedere in sé e per sé.

Circa 35 anni dopo la pubblicazione dei due lavori di Piaget sulla rappresentazione del mondo e della causalità fisica, viene pubblicato a Parigi, e successivamente anche in Italia, un volume di due psicologi dell'Università di Montreal (Laurendeau e Pinard, 1962) che riprende puntualmente in esame, e con la volontà di impiegare metodologie sperimentali più rigorose ma mutuate apertamente dalla scuola di Ginevra, il problema della precausalità. Il libro è introdotto da una prefazione dello stesso Piaget. Nel frattempo le teorie dell'epistemologia genetica si sono diffuse in tutto il mondo e sono entrate a par parte dello strumentario scientifico di molti psicologi ed insegnanti.

La ricerca di Laurendeau e Pinard parte dalla constatazione che i due volumi (RM e CF), se pure iniziali nella costruzione della teoria generale piagetiana, sono tra le sue opere più note ed apprezzate, ma anche tra le più controverse. Stabiliscono quindi di riprendere in termini quanto più sperimentalmente ineccepibili cinque temi: il sogno, il concetto di vita, l'origine della notte, il movimento delle nubi, il galleggiamento e la sommersione. I risultati cui pervengono sembrano confermare a loro parere, se pure con delle perplessità, le ipotesi di Piaget contro quelle dei suoi critici.

Il primo capitolo del volume è però dedicato all'analisi dei lavori che hanno messo alla prova, nei 35 anni trascorsi, le ipotesi avanzate dalla scuola di Ginevra. Tra questi: alcuni sono giunti alle medesime conclusioni, altri invece le hanno decisamente negate. Le contestazioni non scoraggiano però i due autori, i quali sostengono che le risultanze contrarie a quelle proposte da Piaget, e da loro in parte confermate, sono dovute all'errata impostazione attuata dai ricercatori riguardo ai metodi di esame, ai soggetti esaminati, all'analisi dei risultati. Se questi avessero impiegato gli stessi metodi della scuola di Ginevra, concludono, avrebbero ottenuto gli stessi risultati.

Rimando al testo di Laurendeau e Pinard (1962 p. 12-45) per un esame più dettagliato delle circa 40 ricerche sulla precausalità infantile apparse negli anni '30, '40 e '50, nonché ad una mia rassegna (Perussia, 1983) per quanto attiene i circa 70 lavori sul tema che sono stati pubblicati negli ultimi vent'anni. In questa sede basterà sottolineare come la ricerca si sia indirizzata prevalentemente all'esame del pensiero animistico, con un limitato interesse per le

17

spiegazioni artificialistiche e scarsa attenzione al problema del realismo. I risultati cui tale tradizione empirica ha dato luogo appaiono decisamente contradditori, in quanto si sono ottenute tanto conferme che smentite, sia complete sia parziali, delle tesi piagetiane in un accavallarsi di dati che da una ricerca all'altra continuamente affermano, precisano, modificano, negano i risultati precedenti, senza che sia possibile distinguere al loro in temo delle chiare linee di tendenza. Nel complesso: viene spesso confermata la presenza del pensiero precausale nell'età evolutiva, ma con modalità piuttosto variabili da una ricerca all'altra, con non pochi casi in cui tale precausalità non viene riscontrata oppure viene rilevata, almeno in parte, presso soggetti adulti.

Da un lato: le conferme alle ricerche piagetiane sono consistite essenzialmente nel ripetere le sue esperienze, eventualmente con metodi più formalizzati e con soggetti appartenenti ad altre culture, ottenendo più o meno gli stessi risultati, senza aggiungere gran che alle acquisizioni della scuola di Ginevra. Dall'altro lato: le smentite, forse quantitativamente più numerose, hanno dato luogo a varie contestazioni riconducibili a tre temi principali: 1) che il pensiero precausale non esiste, almeno come categoria mentale antagonistica rispetto al pensiero causale; 2) che esso non è esclusivamente infantile ma anche adulto; 3) che non è caratterizzato da una sequenza di stadi sempre uguali nello stesso ordine.

Il problema rimane dunque sempre aperto, anche se le perplessità relative a questa parte del pensiero piagetiano sono andate aumentando con il trascorrere del tempo.

Le risultanze contrarie non scalfiscono nemmeno la fiducia dello stesso Piaget, che coglie ogni occasione per confermare insistentemente, anche a notevole distanza di tempo, la validità dei suoi contributi (7).

---

(7) Piaget non ama dare credito alle contestazioni degli oppositori, in quanto ha sempre sostenuto l'utilità scientifica dell'assecondare le proprie convinzioni personali piuttosto che lasciarsi fuorviare dai fraintendimenti del pubblico. Egli ritiene infatti che l'unico modo per produrre un pensiero originale consista nell'operare, da parte del ricercatore, con la massima autonomia. Scrive in fatti: "in genere sono poco sensibile alle critiche, perché succede che i contradditori non comprendono esattamente un autore quando le sue affermazioni si allontanano dalle abitudini acquisite" (Piaget, 1963 p. 82).

In una nota del 1963 (Piaget, 1963 p. 82) sostiene anch'egli che i risultati ottenuti in contrasto con le sue ipotesi sono da attribuire alla diversità delle metodologie impiegate dagli altri ricercatori. Nella prefazione al lavoro di Laurendeau e Pinard (Piaget, 1962), pur rilevando qualche limite a quei suoi lavori soprattutto per la prevalenza eccessiva che ha in essi l'uso di materiale esclusivamente verbale, ribadisce il carattere fondamentale di tali contributi per la definizione dello sviluppo cognitivo. Difende nuovamente queste ricerche in una nota del 1966 (Piaget e Inhelder, 1966 p. 97).

Nella sua autobiografia (Piaget, 1950-1966) rileva: "i miei primi lavori sul linguaggio del bambino, la sua rappresentazione del mondo e la sua nozione di causalità, hanno dato luogo (...) a vivissime controversie" (p. 174). Ma, dopo aver sottolineato il carattere artificioso di molte delle contestazioni avanzate, attribuisce a questi temi un peso ancora maggiore di quanto non avesse fatto fino ad allora, e chiude lo scritto autobiografico proprio riproponendosi di sviluppare ulteriormente il problema della precausalità-causalità, in quanto cardine centrale della epistemologia genetica. Conclude infatti dichiarando: "la causalità è l'operazione attribuita agli oggetti e non più semplicemente applicata ad essi. Riprendere sistematicamente lo studio della causalità significa dunque ricominciare l'analisi dello sviluppo cognitivo, ma ponendosi dal punto di vista dell'oggetto e non più del soggetto; si tratta di un campo immenso, che può serbare molte sorprese" (Piaget, 1950-1966 p. 186).

Questo progetto catalizza molte delle energie piagetiane, tanto che egli stesso testimonia ancora una volta: "siamo attualmente immersi nello studio, difficile, della causalità" (Piaget, 1970a p. 2,7). Ribadisce ulteriormente l'attualità di questi temi, dal punto di vista dell'epistemologia genetica, nella sua intervista-manifesto del 1977 (Piaget, 1977: in particolare al par. 4).

Piaget ed i suoi sostenitori tendono dunque a rifiutare le valutazioni critiche, venute da molte parti, sulle ricerche relative alla rappresentazioni del mondo e della causalità nel bambino, in quanto le ritengono basate su di un vizio metodologico di fondo che non permette di comparare i risultati raggiunti dai diversi autori.

Questa linea difensiva non convince pienamente, in quanto pare poco verosimile che strutture cognitive di carattere così fondamentale possano apparire e scomparire a seconda di come viene condotta la rilevazione, senza contare che non poche delle ricerche più critiche si rifanno espressamente ai metodi piagetiani. La scuola di Ginevra è però talmente convinta di questa interpretazione, e la teoria della precausalità è talmente concatenata al complesso dell'epistemologia genetica, e il successo della dottrina piagetiana è così ampio, che sarebbe presuntuoso ignorare la sincera veemenza di tali controproposte.

Volendo dunque cercare una soluzione per questa incertezza, ho pensato di riesaminare i protocolli stessi di Piaget, quali vengono ampiamente riportati nei suoi scritti. Ciò permette di far fronte a molte delle obiezioni avanzate dalla scuola ginevrina, in quanto i dati di partenza rimangono gli stessi che per Piaget. In particolare: un criterio del genere fa sì che, se pure vi fosse stato (come qualche critico pare suggerire) un certo compiacimento da parte dell'Autore nell'attribuire maggiore rilievo a risposte in realtà poco frequenti e tuttavia vicine alle sue ipotesi generali, il fatto di trovare in esse regolarità diverse da quelle già indicate risulterebbe ancora più significativo, in quanto ottenuto nonostante ogni eventuale effetto-Pigmalione involontariamente messo in atto dall'Autore.

Si tratta allora di verificare se, a partire dagli stessi dati di Piaget è possibile o meno giungere alle sue conclusioni. Ciò potrebbe avvenire attraverso un'analisi critica delle sue argomentazioni, cioè verificandone la coerenza interna nel far discendere la teoria dai protocolli e nell'applicarla a fatti nuovi, oppure, secondo quella che sembra la tendenza oggi più accreditata in tema di verifica epistemologica, trovando un criterio di falsificazione (8).

---

(8) Secondo Popper: *"il criterio dello stato scientifico di una teoria è la sua falsificabilità, confutabilità o controllabilità"* (Popper, 1953 p. 67). Afferma dunque: "da un sistema scientifico non esigerò che sia capace di essere scelto in senso positivo, una volta per tutte, ma esigerò che la sua forma logica sia tale che possa essere messo in evidenza, per mezzo di controlli empirici, in senso negativo: *un sistema empirico deve poter essere confutato dall'esperienza"* (Popper, 1934-1968 p. 22). "Diciamo che una teoria è falsificata soltanto se abbiamo accettato asserzioni-base che la contraddicono (...) La considereremo falsificata soltanto se scopriamo un *effetto riproducibile* che confuta la teoria" (ivi p. 76-77).

Tale criterio potrebbe consistere principalmente nel verificare se vi sono condizioni in cui la precausalità si presenta, esattamente nei termini in cui viene espressa dai bambini, in contesti diversi da quello infantile; se cioè la presenza del pensiero precausale è realmente un criterio di discriminazione per definire un'età (o uno stadio dello sviluppo, o una categoria di interpretazioni del reale) o se invece si tratta soltanto di una serie disparata di episodi cognitivi largamente indipendenti da logiche evolutive.

Occorrerebbe insomma accertare se esistono dei fenomeni in aperta contraddizione con la teoria piagetiana; cioè l'eventuale falsificabilità, e quindi l'inconsistenza, dell'ipotesi precausale. Ciò avverrebbe se fosse possibile confutare uno degli argomenti, o tutti e tre, proposti dalla stessa epistemologia genetica (cfr. il punto 2) mettendo in luce come: 1) non c'è una soluzione di continuità che permetta di discriminare con certezza epistemologica tra pensiero causale e precausale, nel senso che le risposte raccolte da Piaget esistono, ma la categoria della precausalità da lui ideata risulta arbitraria (non una regola di derivazione logica ma una semplice collazione di fatti); 2) gli adulti impiegano spiegazioni infantili (particolarmente: in sede scientifica); 3) gli stadi della precausalità si presentano in tempi ed età diverse, in termini contraddittori rispetto al complesso del livello cognitivo in cui il soggetto si trova, senza che sia possibile stabilirne una sequenza uniforme né rigorosa (e, men che meno, universale).

A tale confutazione, e ad alcune implicazioni che ne derivano, è dedicata in sostanza la presente ricerca.

3. Infantili e civilizzati

Si potrebbe ritenere che, per fornire una prova contraria alle ipotesi di Piaget, sia sufficiente leggere il resoconto di un colloquio clinico, o anche solo ascoltare ciò che la gente dice quando parla con i propri amici, nella vita di tutti i giorni. Il linguaggio libero ed informale che si usa in queste occasioni pullula di indizi relativi ad un animismo, realismo ed artificialismo adulti. Simili tracce vengono facilmente messe in luce da una interpretazione psicodinamica

21

delle interazioni quotidiane.

Le occasioni non mancano. Ne accenno qualcuna a puro titolo di esempio.

Il realismo del pensiero superstizioso, per cui si ritiene che vi sia una stretta connessione tra certi eventi esterni ed i casi della propria vita ovvero che i propri pensieri ed atti possano influenzare simbolicamente tali eventi esterni con cui sono in corrispondenza, è ampiamente diffuso, ad esempio sotto forma di atti scongiuratori e fantasie astrologiche o parapsicologiche, negli adulti del nostro tempo. Né è rara quella forma di animismo secondo cui si attribuisce una sorta di sensibilità-personalità alle piante ed alla propria automobile, ovvero si parla con il televisore, come può avvenire nel caso di trasmissioni basate su indovinelli o quando il protagonista esprime affermazioni in contrasto con i nostri pensieri o quando si assiste ad un incontro sportivo. Né mancano degli episodi artificialisti, ravvisabili nel momento in cui si scherza sul fatto che un comportamento fuori del comune possa "far piovere", nel meccanismo psicologico che presiede all'atto del pregare e del "ringraziare il cielo", nella (tutt'altro che rara) impressione che sia il medico a decidere della salute del paziente ovvero il meteorologo a determinare il bel tempo.

Un'analisi più accurata, quale è frequente incontrare negli scritti di impostazione psicoanalitica ad esempio sulla psicopatologia della vita quotidiana, potrebbe fornire una ulteriore quantità di casi. Si tratta però di accenni, sfumature, piccoli inciampi in una modalità adulta di ragionamento che per altri versi scorre su binari formalmente obiettivi, consapevoli e razionali.

Ben diverso sarebbe il caso in cui le ipotesi infantili si ritrovino chiaramente espresse in ambiti seriamente adulti, dove esse siano parte integrante della rappresentazione del mondo di un'intera cultura. Meglio ancora se tali ipotesi trovassero ospitalità all'interno di trattazioni dal carattere strettamente scientifico e rigoroso, o che almeno tale pretenda di essere nelle intenzioni di chi le ha redatte e dei suoi (molti) seguaci (9).

(9) Come ha dichiarato lo stesso Piaget: "la mia unica idea, che ho esposto sotto diverse forme in ventidue (ahimè!) volumi, è stata che le operazioni intellettuali procedono in termini di strutture d'insieme"

In qualche occasione è lo stesso Piaget ad accennare (marginalmente) ad un parallelismo tra qualche risposta fornita dai bambini e certe notazioni di filosofi della Grecia classica. Si limita però a rilevare il fatto come una curiosità, senza approfondire oltre, mentre ne sottolinea il carattere di pura coincidenza formale in cui le vaghe somiglianze riguardano eventualmente solo qualche particolare, senza minimamente coinvolgere il complesso delle strutture mentali proprie agli uni ed agli altri.

La superficialità di tali notazioni deriva forse dal fatto che Piaget non sembra possedere una conoscenza approfondita dei filosofi delle origini (argomento peraltro considerato convenzionalmente lontano dalla psicologia come dalla biologia) tanto che non li cita mai nelle fonti originali ma vi fa riferimento solo attraverso l'opera manualistica di altri studiosi, per cui accenna ad Empedocle attraverso A. Reymond (RM p. 54), al complesso dei presocratici attraverso J. Burnet (RM p. 196) ad Aristotele attraverso H. Carteron e C. Robin (CF p. 23) nonché L. Brunschvicg (RM p. 259). Si tratta cioè di una notazione erudita ma occasionale: niente più che una reminiscenza da biologo colto, che dà colore alle sue pagine con qualche aneddoto privo di conseguenze.

L'abitudine ad impiegare fonti di seconda mano, per quanto concerne la fisica greca, è forse una delle cause che stanno all'origine della propensione a non prendere sul serio le somiglianze tra pensiero infantile e conoscenza classica. Avendo avuto scarse occasioni di leggere i testi originali, pur nei limiti in cui si sono conservati, egli non ne ha subìto l'impatto diretto ma, al contrario, ne ha forse ricavato la sensazione che le ipotesi antiche, semplificate e razionalizzate a grandi linee nei manuali, potessero avere un legame solo molto vago e quasi metaforico con l'innocenza dei bambini.

Né l'Autore sviluppa un confronto con autori o scuole scientifiche successive all'antichità classica, che abbiano esplorato temi analoghi a

---

(Piaget, 1950-1966 p. 170). Ciò significa che, quanto più la testimonianza adulta è convinta, razionale e meditata, ovvero è pienamente inserita nello stadio della logica formale, tanto più essa deve risultare lontana dalla ingenua precausalità del fanciullo. Ne consegue che l'eventuale presenza di innumerevoli convinzioni puerili presso adulti, indiscutibilmente ben dotati di capacità d'astrazione e mentre stanno per così dire parlando *ex cathedra scientiae*, si dimostrerebbe rovinosa per tutto il sistema dell'epistemologia genetica piagetiana.

quelli proposti ai bambini. Benché i problemi cosmologici, meteorologici, astronomici, del movimento, del pensiero, dell'origine delle cose e via dicendo siano stati affrontati da una lunga tradizione di dibattiti e confronti, Piaget non se ne interessa se non per accennare occasionalmente alla possibilità di istituire alcuni cauti e generici parallelismi tra lo sviluppo del bambino e quello della scienza nel suo complesso.

Quest'ultima ipotesi, di una continuità tra evoluzione dell'individuo e crescita della conoscenza, comparirà invece, in forma più elaborata, negli scritti posteriori ai due sulla realtà-causalità infantile. Essa si inquadra altresì in una concezione della Scienza, di carattere moderna, che comprende sotto questa categoria del pensiero solo autori successivi alla cosiddetta rivoluzione scientifica, cioè più o meno gli eredi di Galileo e del Metodo. Non si tratta comunque di un confronto tr(1 le ipotesi di singoli bambini e quelle di singoli autori, bensì della constatazione che qualche aspetto minore della ricerca scientifica nel '600 o nel '700 può venire avvicinato, almeno in senso figurato, ad alcuni spunti, intuitivi ed ingenui, della mentalità infantile. Dice Piaget: "vediamo quindi come il pensiero del bambino piccolo, che testimonia notevoli attività, spesso originali e impreviste, è ricco di aspetti interessanti, non solo per le differenze col pensiero adulto, ma anche analogamente per i risultati positivi che ci informano sul modo in cui le strutture razionali si costituiscono, e che. ci permettono persino a volte di chiarire alcuni aspetti oscuri del pensiero scientifico" (Piaget, 1963 p. 91).

In qualche altro caso, e con speciale riferimento ai lavori dell'antropologo Levy-Bruhl, di cui Piaget condivide pienamente la spiegazione in termini evoluzionistici delle differenze tra le società e culture umane, l'Autore rileva come "senza dubbio, troveremo a ogni passo analogie tra fanciullo e primitivo" (RM p. 94) in particolare per quello che concerne lo "artificialismo mitologico" (RM p. 376), concetto che permetterebbe di collegare i primi stadi del pensiero infantile coi primi gradi del pensiero primitivo. Questa affermazione rimane però nei termini di un accostamento generico, da cui Piaget non sembra trarre alcuna conseguenza che vada al di là di un imprecisato e vago parallelismo tra i primordi storici e quelli biografici del pensiero umano.

In realtà, come vedremo, è possibile trovare un'identità, più che un'analogia, tra il pensiero primitivo e quello infantile. Sarà bene quindi chiarire i termini di questa somiglianza sin da adesso, poiché si tratta di un punto essenziale.

Il pensiero 'primitivo' o 'selvaggio' (IO) è un pensiero adulto a tutti gli effetti. Anche tra le popolazioni più disagiate, per quanto la vita media sia più breve rispetto alle culture più ricche che conoscono la nostra medicina, gli adulti superano ampiamente l'età di 12-14 anni, per cui si trovano molto al di là del limite oltre il quale il soggetto abbandona la precausalità per raggiungere definitivamente lo stadio della ragione formale-astratta. E' quindi una scelta puramente ideologica quella secondo cui la cultura primitiva sarebbe di per sé inferiore (a quella civilizzata) cosicché non andrebbe considerata come una testimonianza a pieno titolo del pensiero umano, bensì solo come una sua sottospecie più debole e meno significativa. Tale dottrina antropologica, piuttosto diffusa nel primo '900, è stata infatti ben presto abbandonata a favore di una concezione meno ottusamente eurocentrica della rispettabilità intellettuale.

In tempi vicini a quelli di Piaget e in un ambito intellettuale dove non pochi autori, conformemente alle ipotesi di Levy-Bruhl, parlano di culture più alte o più basse lungo la scala dell'evoluzione umana (11), Boas notava, in contrasto con tale pretesa superiorità

(10) Nei resoconti antropologici, e in genere nella cultura, del primo '900 ci si riferisce alle popolazioni autoctone dell'Africa, dell'America precolombiana e dell'Australia (specie se di pelle almeno un po' scura) con i termini intercambiabili di *primitivi* o *selvaggi*. Tali definizioni, se pure a volte utili sul piano pratico, sono associate a pesanti connotazioni ideologiche, il che induce solitamente ad usarle tra virgolette od a sostituirle con altre, che sempre si preoccupano di trovare un criterio che differenzi quelle popolazioni rispetto a noi, come: 'non civilizzati', 'in via di sviluppo, ecc. In questa sede userò invece i termini classici, senza virgolette, sia perché sono quelli cui si riferisce spontaneamente Piaget sia perché, se impiegati apertamente, rendono ancora meglio l'idea di quanto presuntuoso sia da parte nostra utilizzarli non come semplici termini di riferimento, tanto per capirsi senza perifrasi, ma come veri e propri criteri per definire la presunta minorità razziale-culturale dei non-occidentali-industriali.

(II) Levy-Bruhl si preoccupa di studiare "le differenze che dividono la mentalità delle società inferiori dalla nostra" (Levy-Bruhl, 1922 p. 7). Analogamente Piaget dichiara: "il nostro problema, dal punto di vista della psicologia e da quello dell'epistemologia genetica, è di spiegare come avviene il passaggio da una conoscenza di livello più basso ad una di livello giudicato più alto" (Piaget, 1970, p. 24). La divisione del mondo tra civiltà (o mentalità) inferiori e superiori rappresenta infatti una costante dell'antropologia positivista.

dell'Europeo moderno: "poiché nelle culture moderne si può constatare una maggiore coerenza logica o psicologica se ne è dedotto che il livello di questa ha un valore cronologico, tanto che se ne può ricostruire l'iter mediante un'analisi logica o psicologica delle idee dei primitivi. Lo sviluppo di una visione antropomorfica della natura e della mitologia è stato ricostruito su questa base da Spencer e Tylor. In realtà, il corso della storia può essere stato del tutto diverso" (Boas, 1911-1938 p. 142). Dal canto suo, anche Frazer affermava la necessità di evitare, per il futuro, "L'errore comune, e continuamente ripetuto, di giudicare i selvaggi secondo il modello della civiltà europea" (RO p. 456).

La scelta di attribuire alle culture primitive una dignità analoga a quella assegnata alle nostre è talmente connaturata alle scienze umane contemporanee che sembra ozioso insistervi (12). Piaget ipotizza tuttavia, in talune occasioni, che vi sia una qualche continuità tra ontogenesi e filogenesi della cultura, per cui il livello mentale del primitivo rispetto al civilizzato sarebbe come quello del bambino rispetto all'adulto. Ciò avverrebbe anche se, nella logica del sistema piagetiano, la biografia mentale si sviluppa secondo stadi successivi (per necessità biologica) simili in tutti gli appartenenti al genere umano e quindi tanto nel selvaggio quanto nell'occidentale del mondo industriale avanzato. Varrà dunque la pena di sottolineare alcune evidenti contraddizioni presenti in un simile approccio, peraltro solo sfiorato nell'ambito della teoria piagetiana. In particolare: vi si possono contrapporre quattro obiezioni che mi sembrano decisive.

La prima, come già accennato, consiste nel carattere grottesco, per non dire tragico (specie alla luce dell'esperienza coloniale), che le parole 'fanciullo' o 'bambino' acquistano se applicate ad uno sciamano cinquantenne piuttosto che a Toro Seduto, all'inventore della ruota, ad un sacerdote Inca, al Negus Neghesti e via dicendo.

La seconda consiste nell'incommensurabilità tra uno sviluppo basato sull'evoluzione interiore del pensiero egocentrico, che carat-

(12) Il dibattito antropologico su questo tema, dell'insostenibilità di un'inferiorità ontologica del primitivo rispetto a noi, è assai ricco. Si vedano, tra gli altri: Cantoni, 1963; Zolla, 1969; Meek, 1976; Arens, 1979 ecc.

terizza la successione degli stadi cognitivi piagetiani, ed uno sviluppo basato sul carattere cumulativo della conoscenza sociale, che caratterizza i meccanismi dell'ereditarietà culturale. Per cui, delle due l'una: o lo sviluppo intellettuale si basa su una crescita biologicamente determinata e scarsamente legata ad apprendimenti, per cui qualsiasi bambino di media intelligenza, in qualsiasi cultura, dovrebbe scoprire da solo per lo meno le equazioni di primo grado (stadio delle operazioni proposizionali) se non proprio la teoria della relatività (il che in effetti non succede); oppure consiste di uno sviluppo legato alla cumulazione di conoscenza in una memoria accessoria extrasomatica (la tradizione orale, i libri, i dischi dei calcolatori) dai cui successivi gradini ogni bambino riparte ogni volta, a seconda dell'epoca in cui nasce, e allora l'evidente connotazione storica di un simile processo, ed il suo stretto legame con l'acquisizione di nozioni precostituite, appaiono del tutto opposti al naturale e spontaneo sviluppo cognitivo (legato anche all'apprendimento ed alla socializzazione, *ma* connesso ancor più ad un modello biologico della crescita delle capacità mentali) che Piaget attribuisce al bambino.

La terza obiezione si riferisce alla concezione men che biblica del tempo umano su cui si basa la dottrina del parallelismo tra ontogenesi e filogenesi della cultura. Una simile teoria potrebbe stare in piedi, se pure non vi fossero le due obiezioni precedenti, soltanto se anche il ritmo evolutivo fosse simile per i due sviluppi (biografico e storico). Invece il bambino impiega, per passare dal primo stadio della precausalità (3-5 anni circa) allo stadio delle operazioni formali-astratte (12-14 anni circa) non più che il doppio del tempo che impiega dalla nascita al raggiungimento di tale primo stadio. Bisognerebbe allora spiegare come mai nella storia della scienza è avvenuto qualcosa di molto diverso in quanto la gran parte del pensiero causale, nell'accezione piagetiana del termine, compare dopo il superamento della fisica medioevale, e anche più tardi, cioè da non più di qualche secolo, mentre il pensiero detto precausale ha dominato la mente del genere *homo* per un buon milione di anni. L'unico modo per accettare in qualche modo un parallelismo, peraltro molto vago, tra le due sequenze evolutive sarebbe quello di datare la nascita dell'uomo alla creazione di cui parla la Scrittura e cioè a non più di 6-7.000 anni fa.

La quarta obiezione, elementare quanto le precedenti, si riferisce al fatto che le popolazioni primitive contemporanee hanno avuto lo stesso tempo per crescere di cui si è avvantaggiata la stirpe del Canton di Ginevra (e noi), con qualche decina o centinaia di migliaia d'anni in più o in meno, eppure continuano senza problemi a nutrire nel proprio cuore una visione del mondo che è profondamente realista, animista ed artificialista. Così stando le cose, non si capisce perché gli uni avrebbero raggiunto spontaneamente lo stadio dell'intelligenza ipotetico-deduttiva mentre gli altri sono rimasti impantanati nel più cupo precausalismo infantile.

Spero di avere accennato con sufficiente chiarezza ad alcuni dei motivi per cui la collocazione del primitivo nella categoria dell'infantile, che noi possiamo studiare dall'alto della nostra superiorità di adulti civilizzati, mal si accorda con le convinzioni antropologiche che caratterizzano il nostro tempo. Lo stesso Piaget, del resto, non afferma del tutto esplicitamente questo parallelismo ma preferisce accennarlo o darlo per inteso. Qui, mi limito a considerarlo insostenibile. Una volta chiarito questo punto essenziale, possiamo procedere oltre.

4. Strategia della ricerca

Il metodo su cui è impostato il presente saggio consisterà dunque nel verificare se vi sono differenze sostanziali, riguardo al pensiero precausale-causale, fra degli adulti a pieno titolo ed i bambini descritti da Piaget. Tuttavia, nonostante l'enfasi di questa difesa del pensiero primitivo, forse pleonastica agli occhi di un contemporaneo (ma pur sempre utile a chiarire i punti di riferimento), i parallelismi esposti nelle pagine che seguono si riferiranno prevalentemente ad uno stadio mentale ancora più evoluto, e cioè alla parola scritta di adulti raziocinanti. Se, nonostante tutto, l'adulto primitivo non è intellettualmente inferiore a quello occidentale, a maggior ragione non lo sarà l'adulto occidentale che ha già raggiunto la volontà e la capacità di scrivere libri. Inoltre: mentre nel caso del pensiero selvaggio occorre basarsi su testimonianze orali ed interpretazioni (a volte relativamente opinabili), nel caso dell'intellettuale-scrivano invece 'quel che è scritto legger si vuole' per cui ognuno, secondo la migliore tradizione del metodo sperimentale, potrà controllare da sé.

Il testo scritto può essere dunque un ottimo punto di riferimento da cui partire per sviluppare un confronto con la parola registrata del bambino piccolo.

Nei testi che si preoccupano di fornire una descrizione obiettiva del sapere (adulto) vengono spesso raccolte le congetture proprie a tutta una cultura. Ciò vale, è quasi inutile ricordarlo, per i maggiori psicologi del nostro tempo come per i fisici della Grecia classica, per le *Summae* di Tommaso d'Aquino come per le ipotesi di Leonardo da Vinci. Ho quindi cercato soprattutto di verificare se esistono testi scientifici basati su concezioni della realtà-causalità (o della fisica) analoghe a quelle dei fanciulli.

A questo scopo ho avvicinato gli scritti di una serie di ricercatori cui viene solidamente attribuita la qualifica di scienziati, in quanto autori originali o divulgatori accreditati di conoscenze già sedimentate, che hanno rappresentato, con diversa intensità, alcune delle espressioni più brillanti e profonde della capacità intellettuale propria alla loro epoca (13).

Ho scelto la maggior parte di tali testimonianze, cui comparare il pensiero infantile, tra gli autori della Grecia classica, con alcune incursioni tra i fisici-filosofi medioevali, rinascimentali, ed anche del nostro secolo. Questi scienziati, o filosofi naturali come si possono chiamare sia Aristotele che Newton, vengono qui presi in considerazione solo in quella parte del loro lavoro che sviluppa esplicitamente delle vere e proprie spiegazioni, lasciando da parte tutti quei miti

(13) Sarà utile ricordare a questo proposito le parole che Colli dedica ai presocratici (ma che sono estensibili anche agli altri nomi che incontreremo nella presente ricerca) nel· l'ambito dei *Criteri dell'Edizione* che si trovano in apertura della sua monumentale anche se purtroppo incompiuta raccolta (SG ali p. 9 di ciascun volume). Colli sottolinea come sia riduttivo parlare di "filosofia presocratica" in quanto è molto più pertinente riferirsi alla "sapienza greca". "Coloro infatti le cui parole vengono qui raccolte erano chiamati 'sapienti' dai loro contemporanei, e ancora Platone li indica con tale nome. In quell'epoca 'sapienza' significava anche abilità tecnica, oppure saggezza della vita, prudenza politica: ma sapiente - che non fosse tale in qualcosa e in qualcosa no, ma sapiente in assoluto - era uno che possedeva l'eccellenza del conoscere" (SG p. 9).

che capitava loro di raccontare semplicemente per sottolinearne l'evidente eccesso di fantasiosità o per rendere più vivace la trattazione.

Va tuttavia chiarito, come soprammercato alle considerazioni precedenti sul pensiero primitivo, che molte espressioni, successivamente trattate come miti da altri autori, avevano per chi le utilizzava un carattere di assoluta realtà. Aristotele faceva riferimento alla causa finale per comprendere la caduta dei gravi con la stessa convinzione con cui Euclide (e non solo lui) giudicava ovvio il suo quinto postulato sull'unicità della parallela per un punto a una retta data, con cui Newton confidava nell'azione a distanza per sostenere la gravitazione universale, Marx nella lotta di classe per capire e cambiare la storia e l'economia, Freud nell'inconscio per interpretare i sogni, Maxwell nell'inscindibilità dell'atomo, e via dicendo. Gli scienziati di tutti i tempi, del resto, sono stati molto attenti a distinguere, nelle loro trattazioni, la fantasia dalla realtà. Essi hanno sempre voluto separare l'interpretazione soggettivamente ritenuta figlia della naturale fallacia dei sensi e degli umani sentimenti (l'apparenza) dall'interpretazione soggettivamente ritenuta convincente e universalmente certa (la Scienza), almeno secondo l'opinione della loro (e talora nostra) cultura (14). Mi sembra infine utile ricordare che lo stesso Piaget attribuiva al pensiero classico una credibilità scientifica di tutto rispetto, come ha avuto occasione di sottolineare molti anni dopo i suoi scritti sulla causalità; dichiara infatti esplicitamente: "I filosofi greci erano gente seria, che si occupava di scienza!" (Piaget, 1977 p. 25).

Può capitare invece che, per alcuni dei temi affrontati nelle ricerche di Piaget, sia difficile il reperimento di testimonianze originali per iscritto. Certe particolari descrizioni-spiegazioni sono (o sono

(14) E' bene sottolineare come queste considerazioni valgano anche per i selvaggi. Mauss sostiene, come regola generale relativa alla visione del mondo nei primitivi, che il mito ha un carattere analogo a quello delle nostre teorie poiché "il *mito* propriamente detto *è una storia a cui si crede*" (Mauss, 1947 p. 224). Del resto anche i selvaggi, non meno di noi, operano una chiara distinzione tra la vera e propria spiegazione di un fenomeno (se pure in termini che ai nostri occhi possono risultare mitici) e le semplici fole. Come sottolinea Pettazzoni: "i racconti delle origini, cosmogonie e teogonie e storie di esseri superumani suscitatori delle cose e fondatori degli istituti, sono per l'appunto miti. E tuttavia sono dunque, per coloro che li narrano, 'veri' e ben distinti, come tali, dalle storie 'false' " (ML voI. l p. VIll).

state) presenti in società che non conoscono la scrittura, il che rende necessaria una comparazione tra prove (i protocolli di Piaget) ed indizi (le relazioni degli antropologi, peraltro basate su rilevazioni serie ed accurate); il che certo risulta meno convincente di un confronto diretto fra testi scritti. Ciò vale specialmente per la fisica dei primitivi, antichi e moderni, ma anche per le scienze di alcuni popoli (che pure erano, o sono, in grado di produrre testimonianze scritte), dagli Egiziani antichi ai Maya ai Cinesi, con cui la nostra cultura ha avuto particolari difficoltà di contatto specie per l'originale struttura dei loro documenti. In questi casi, di cui peraltro mi servirò solo sporadicamente nelle pagine che seguono, si può tuttavia fare riferimento, se pure con cautela, alle ricerche di studiosi accreditati che si propongono di ricostruire il pensiero di tali popoli sulla base di fatti obiettivi, fornendo così delle tracce relativamente paragonabili alle interviste di Piaget.

Nel caso degli antichi, cioè degli autori di età classica, va poi ricordato che i loro molteplici scritti sono andati in gran parte distrutti durante le vicissitudini del medio evo e la dominazione araba. Ne restano così alcuni frammenti e molte testimonianze (tutte meticolosamente controllate da generazioni di studiosi) per quel che riguarda i presocratici, nonché una discreta (per quanto lacunosa) quantità di testi integrali per gli scienziati successivi. Le citazioni da questi autori, anche considerando i problemi di traduzione, non sono dunque sempre univoche, benché vi sia un largo accordo sul loro significato (15).

(15) La presente ricerca si basa su molteplici riferimenti testuali ad autori di cui solitamente non si occupano gli psicologi, bensì i filosofi, i letterati, i filologi, gli antichisti, i medievalisti, gli storici della scienza, gli etnologi e via dicendo. Mi scuso quindi, sin da subito, con loro per il modo in cui questi scrittori verranno trattati. Non sono un filologo, né uno storico della scienza, né ho voluto invadere il territorio di studiosi ben più preparati di me. Ho solo scelto di considerare questi personaggi come degli scienziati, cioè come persone che esprimono in termini razionali e coerenti la propria visione obiettiva (almeno nelle intenzioni) del mondo fisico e delle relazioni al suo interno. Non pretendo quindi di operare un'analisi dettagliata dei testi, ma solo di stabilire delle continuità di pensiero. Alcuni riferimenti potrebbero venire sostituiti da altri, nel senso che, se pure cerco di evitarlo, potrà capitarmi di citare l'allievo invece del maestro o il divulgatore invece dello scopritore (che so: Anassimene invece di Parmenide o Lucrezio invece di Epicuro). Ma la mia attenzione non è rivolta a stabilire *chi* lo ha detto per primo, bensì *che cosa* si è detto. Quello che conta è la serietà delle teorie proposte, come anche il fatto che generazioni e generazioni

31

Nella presente ricerca ho altresì sviluppato solo una parte degli accostamenti possibili, sia a causa delle mie limitate competenze sia per evitare un tedioso accumularsi di citazioni. Ad essi se ne potrebbero cioè aggiungere diversi altri. Anche i protocolli di Piaget vengono ripresi con relativa parsimonia, ma basterà riandare ai suoi testi originali per trovarne di ulteriori, simili a quelli riferiti qui.

Ho inoltre circoscritto la mia analisi alla rappresentazione cognitiva dell'ambiente fisico infantile, alle descrizioni della realtà-causalità, lasciando in secondo piano le spiegazioni di fenomeni artificiali, come il funzionamento delle macchine (la bicicletta, il treno, l'automobile) affrontate nella terza parte di CF. Ciò è dovuto alla impossibilità di trovare utili elementi di confronto tra il pensiero infantile e quello di studiosi non totalmente coinvolti nelle abitudini scientifiche del nostro tempo, dato che tali macchine sono apparse solo recentemente tra i mezzi di trasporto dei paesi occidentali. In questo caso: alle ipotesi dei bambini potrebbero venire opposte delle impressioni di adulti contemporanei raccolte attraverso una ricerca (come hanno già fatto alcuni critici della scuola di Ginevra, di cui al punto 2), ma si tratterebbe di un paragone meno probante di quello con la fisica selvaggia e meglio ancora con scritti ufficiali e razionalmente meditati di intellettuali di professione. Ad un simile confronto farebbe difetto anche quell'elemento di spontaneità ed intrinseca necessità che spinge lo studioso ad esprimere il proprio parere su temi riguardo ai quali ha raggiunto una convinzione profonda, invece che inventare in breve tempo ipotesi riguardo ad invenzioni per lui nuove e necessariamente artificiali (16).

La prevalenza che qui viene data alla parola lungamente elabora-

di adulti si siano riconosciute in esse. Non si tratta di stabilire un ordine di priorità, o di qualificare storicamente un autore, ma di raccogliere testimonianze il cui unico valore, nell'economia di questa ricerca, consiste nell'essere il prodotto di un pensiero teorico e razionale.

(16) Nel libro di Laurendeau e Pinard (1962), come ho già ricordato al punto 2, vengono riprese diverse sperimentazioni che suggeriscono l'esistenza di interpretazioni precausali presso adulti occidentali. A queste ricerche si potrebbero altresì aggiungere le reazioni (riportate in molto resoconti) messe in atto dai selvaggi di fronte alle diavolerie introdotte dall'uomo bianco quali, ad esempio, i pali del telegrafo, le automobili, gli aerei, le armi da fuoco, e via dicendo. E' invece impossibile, per ovvie difficoltà storico-pratiche, sapere come Platone o Beda avrebbero spiegato la bicicletta o la radio.

ta e scritta (da parte degli scienziati) per fare da confronto con delle risposte orali (da parte dei fanciulli) produce inoltre due complicazioni che, se hanno reso più difficile e lungo il lavoro di analisi dei protocolli, forniscono tuttavia elemento di conferma della validità, convinta e spontaneamente ragionata, di siffatte testimonianze.

Il problema principale posto da tale riscontro riguarda i limiti in cuiè possibile interloquire con uno scrittore, che sta seguendo un suo ragionamento magari lontano da quello che informa i quesiti piagetiani. Egli, non avendo come punto di riferimento la fisica elementare del primo '900 cui Piaget si richiama, non si pone affatto la gran parte delle domande che vengono somministrate al bambino. Se anche sta replicando a qualche altro scienziato, entrambi sono legati ad una diversa concezione della fisica, relativamente incommensurabile a quella del nostro Autore, per cui ad esempio Newton non si pone le stesse domande di Fermi né Platone quelle di Chomsky. E' altresì evidente che non si può, se non retoricamente, porre delle domande ad un testo già scritto e pubblicato, il cui autore non è più tra noi. Bisogna quindi accontentarsi di ciò che si trova, senza che siano possibili approfondimenti se non attraverso interpretazioni relativamente arbitrarie.

Il secondo problema, meno rilevante, deriva dalla diversa profondità di elaborazione che precede l'espressione delle osservazioni infantili rispetto agli scritti scientifici degli adulti. Come osserva lo stesso Piaget, il bambino sembra a volte limitarsi a produrre ipotesi idiosincrasiche che raramente gli è capitato di confrontare con gli altri attraverso la discussione e che quasi rappresentano una novità per lui stesso (che le aveva tenute, per così dire, nel preconscio). Avviene quindi, come testimonia l'Autore, che "la parte più originale e più importante delle risposte che i bambini ci hanno dato non era mai stata comunicata a nessuno prima di esserlo a noi" (CF p. 249); e questo anche perché "Fin verso ai sette anni, i bambini non sanno per nulla discutere fra di loro e si limitano a lasciar cozzare le loro affermazioni contrastanti" (Piaget, 1940 p. 28). I libri di uno scienziato sono invece il prodotto di lunghi ragionamenti, di una certa selezione delle ipotesi più attendibili, di confronti con gli scritti prodotti da altri autori e di controversie con i colleghi. Questa differenza rende quindi particolarmente ardua, oltre che notevolmente

33

probante, la possibilità di incontrare, sotto forma di ragionamenti così studiati ed elaborati, le stesse ingenuità precausali dei fanciulli.

Capitolo 2

I PENSIERI SONO COSE

5. *Pensieri*

La prima parte del primo dei due lavori che Piaget dedica alla realtà-causalità infantile (RM), è dedicata al realismo, che il bambino utilizza come modalità di organizzazione cognitiva del reale fino agli 8 anni circa. "Il suo realismo consiste in una spontanea tendenza immediata a confondere segno e cosa significata, interno ed esterno, psichico e fisico" (RM p. 128).

Affrontando il problema della realtà-causalità nel suo complesso, e quello del realismo in particolare, l'Autore dichiara di seguire un "metodo regressivo" che comincia "dai fenomeni di più facile interpretazione" per giungere piano piano a quelli più complessi (RM p. 42). I primi esempi riportati, quelli con cui si apre la trattazione, hanno dunque la funzione di dimostrare con la massima evidenza la precausalità infantile, di fornire una solida piattaforma che supporti le più complesse teorizzazioni successive.

Il primo capitolo di questa prima parte è dedicato a "la nozione di pensiero". Il primo paragrafo del primo capitolo della prima parte ha per titolo: "Il primo stadio: si pensa con la bocca" (RM p. 43).

In base ai dati delle sue interviste, Piaget è convinto che "abbiamo diritto di considerare primitiva la credenza dei fanciulli secondo cui si pensa con la bocca" (RM p. 49). Si tratta di una tendenza molto generale in base alla quale "tutti i bambini piccoli identificano il pensiero con la voce: si pensa con la bocca" (CF p. 50); "il pensiero è dunque una silenziosa voce interiore" (RM p. 47).

Vengono riportati numerosi protocolli di bambini, in età diverse, che sostengono con decisione questa certezza, a dispetto delle

35

sottili domande di chiarimento che il ricercatore propone loro con ritmo incalzante. Ne riporto alcuni esempi significativi.

Muy (6 anni): "Con che cosa si pensa? - *Con qualcosa; con la bocca!*" - RM p. 46-

Schmi (5 1/2): "Con che cosa si pensa? - *Con la bocca*". - RM p. 46
Ratt (8; 1O): "Quando pensi alla tua casa, dov'è il tuo pensiero? - *Nella testa*. - Che cosa c'è nella testa? - *Niente*. - Come fai a pensare alla tua casa? - *Con la bocca.*" "Nella tua testa ci sono delle parole? - *No*. - C'è la voce? - *Sì*. - La voce e il pensiero sono la stessa cosa? *Sì.*" - RM p. 46 -

Kenn (7 1/2): " ... Con che cosa si pensa? - *Con la testa*. - Con che cosa nella testa? - *Con la bocca*. - Che cosa c'è nella testa? C'è il pensiero? - *Sì, quando si pensa a qualcosa* - Che cosa c'è nella testa? - Ci *si parla.*" - RM p. 47:,

Acker (7; 7): ci ha detto quattro volte, come si è visto, che si pensa con la bocca. "Quando si pensa con la bocca, da dove viene il pensiero? - *Dagli occhi, da fuori*. Si *vede, e quindi si pensa*. - Allora, quando non si parla, si può pensare? - *Sì*. - Con che cosa? - *Con la bocca.*" E un attimo dopo: "Quando non si parla, da dove nasce il pensiero? *Dallo stomaco.*" Acker indica con questo nome l'esofago o la laringe. Dunque si tratta sempre della voce. - RM p. 50 -

"In conclusione: fin verso gli 11 anni, pensare è parlare, sia che si pensi con la bocca, sia che il pensiero sia una voce localizzata nella testa" (RM p: 66). Secondo Piaget "quest'assimilazione del pensiero al linguaggio" (RM p. 48) rappresenta il primo e più elementare stadio del realismo infantile durante il quale il bambino è particolarmente incapace di distinguere il soggetto dall'oggetto e l'interno dall'esterno. Tale convinzione elementarissima verrà completamente superata mano a mano che il soggetto acquisterà piena coscienza di sé, con l'adolescenza ed il costituirsi di una rappresentazione del mondo in termini di operazioni formali e di pensiero ipotetico-deduttivo (cioè dopo gli 11-12 anni).

Questa ipotesi del "pensare con la bocca" sarà però risultata a qualcuno stranamente familiare. In particolare: chi abbia una certa dimestichezza con la psicologia comportamentista sa quanta attenzione essa ponga nell'affermare che "thinking is behaving" (Skinner, 1974 p. 104) anche se è molto difficile risolvere la questione del " 'cosa stai pensando?' dove 'pensando' si riferisce ad un comportamento messo in atto ad una scala talmente ridotta che non è visibile agli altri" (ivi, p. 27).

La volontà di far coincidere il pensiero col linguaggio e lo psichico col fisico non sarebbe dunque un atteggiamento così infantile (in quanto è presente ancora ai giorni nostri e tra un pubblico di scienziati adulti) quanto l'epistemologia genetica sembra ritenere.

Ma c'è anche qualcosa di più, oltre a tale generica continuità.

Negli stessi anni in cui Piaget pubblicava i suoi primi lavori, la cultura psicologica internazionale era in larga parte dominata dagli sviluppi teorici e sperimentali del pensiero di John B. Watson, il quale si prefiggeva, fondando appunto la psicologia comportamentista, di liberare la psicologia dai limiti soggettivistici dell'introspezione per aprirle la strada della scienza oggettiva. In particolare: Watson aveva una sorta di idea fissa (che attraversa tutta la sua produzione scientifica) di cui era convinto nonostante non ci fossero prove per sostenerla e di cui prometteva che sarebbe stata provata sperimentalmente la validità non appena si fosse riusciti a costruire strumenti sufficientemente precisi da poter registrare anche le azioni più impercettibili. Tale ipotesi viene sin- teticamente espressa in diverse occasioni.

"Il comportamentista intende il pensiero come il funzionamento di processi laringei o di altri processi motori." - Watson: Scritti (1920) p. 152 -

"Il pensiero è in larga misura linguaggio subvocalico" - ivi (1924) p. 179 -

"Grossolanamente possiamo dire che il pensiero consiste nella organizzazione dell'attività muscolare della laringe e degli altri organi preposti alla produzione delle risposte linguistiche." - ivi (1920) p. 159 -

Nel caso dell'ipotesi secondo cui l'atto di pensare e quello di parlare coincidono, il confronto tra razionalità adulta e razionalità infantile si propone in termini particolarmente drammatici. La spiegazione precausale coincide infatti con le convinzioni di un'intellettuale maturo, contemporaneo e collega di Piaget, indiscutibilmente evoluto sul piano scientifico e per di più esperto proprio di psicologia.

Sin da questo primo esempio, che secondo Piaget (ed anche secondo me) è molto probante, appare chiaro come la teoria della precausalità, che pure risulta molto coerente al suo interno, perde di consistenza non appena viene sottoposta ad un controllo in termini falsificazionisti. Come avverrà anche per i numerosi esempi che seguono, nell'ambito del realismo (relativo al pensiero) non è troppo difficile trovare uno scienziato che utilizza con convinzione, in piena età adulta, una spiegazione assolutamente precausale pur nell'ambito di una concezione della scienza che vuole essere moderna e causale (o meglio, nel caso di Watson e del comportamentismo in genere, ispirata ad un positivismo fisicalista molto spinto). Precausalità infantile e causalità adulta non sembrano insomma, a ben vedere, che due modalità differenti per riferirsi ad uno stesso concetto.

6. Sguardi

Il paragrafo successivo di RM affronta anch'esso il primo e più elementare stadio del realismo infantile, ma attraverso il problema della visione e dello sguardo.

Piaget rileva come il bambino piccolo tenda a far coincidere l'atto del vedere con qualche cosa di molto fisico e concreto, confondendo la vista con la presenza di luce, la quale viene interpretata, in diversi casi, come emanazione dell'occhio.

Pat (10 anni): "E' la stessa cosa vedere e far luce? - *Sì.* - Dimmi quali sono le cose che fanno luce. - *Il sole, la luna, le stelle, le nuvole e poi il buon Dio.* - E tu fai luce? - *No ... sì.* - In che modo? - *Con gli occhi.* - Perché? - *Perché se non si avessero gli occhi non si potrebbe vedere la luce."* - RM p. 54 -

Sci (6 anni): "Dimmi alcune cose che fanno luce. - *Le lampade, le candele, i fiammiferi, il lampo, il fuoco, le sigarette.* - Gli occhi fanno luce o no? - *Sì.* - Fanno chiaro anche la notte? - *No.* - Perché? - *Perché sono chiusi.* - Quando sono aperti fanno chiaro? - *Sì.* - Fanno chiaro come le lucerne? - *Sì, un po'."* - RM p. 54 -

Piaget coglie, incidentalmente, una "analogia con la teoria delle percezioni di Empedocle" (RM p. 54), ma non approfondisce tale inquietante (o che almeno tale dovrebbe essere per la sua teoria) coincidenza tra l'infimo stadio del pensiero infantile ed il pensiero di un grande filosofo, né fa riferimento ad altri autori, restringendo così la serietà di questa ipotesi all' occasionale stranezza di un vecchio studioso. Quindi conclude: "per questi fanciulli lo sguardo è parzialmente esteriore all'occhio. Esce dall'occhio, illumina, e non vi è motivo quindi che non lo si avverta. Noi non sappiamo se queste credenze siano generali o no, ma bastano a mostrare la possibilità di un pensiero ora interno e ora esterno, e confermano così l'interpretazione dei fatti del paragrafo precedente" (RM p. 54-55).

Contrariamente a quanto ritiene Piaget, il carattere materiale della visione è ben presente nella mente dell'adulto, se pure in posizione marginale. Ciò emerge con grande evidenza nel pensiero paranoico (dove si crede di vedere attraverso i muri, si temono i raggi X e la lettura del pensiero, ecc.) ma non manca nel linguaggio comune. Si ferisce e si cattura con lo sguardo, si consuma un ritratto a forza di osservarlo, si fa voltare qualcuno fissandolo alle spalle, si lanciano occhiate di fuoco e via dicendo. Né mancano in natura esempi concreti, come è il caso dell'ecogoniometro naturale dei pipistrelli, in cui l'emissione di 'raggi' è effettivamente un importante strumento con cui si percepisce il mondo esterno. Si tratta però sempre di parallelismi relativi ad aspetti minori della razionalità adulta, e comunque non espressi in sede di scienza e di approfondimento razionale.

Il pensiero di Empedocle, ammesso che sia lui il primo ad averlo proposto, ha invece il carattere della spiegazione obiettiva, esposta da un fisico che vuole illustrare agli altri le proprie conclusioni scientifiche. Per nostra fortuna disponiamo di un frammento originale in cui il fisico di Agrigento descrive i termini di tale sua convinzione. Lo riporto nella versione integrale.

> Empedocle: "Come quando qualcuno, avendo in animo di intraprendere cammino si munisce di un lume nella notte invernale, splendore di fuoco ardente, adattando lanterne che proteggono dai venti di ogni specie, e che dissipano i soffi dei venti che spirano, e la luce effondendosi all'esterno, quanto più è sottile, lampeggia sulla soglia con raggi infaticabili; così allora il fuoco primitivo, racchiuso nelle membrane con sottili veli si acquatta nella rotonda pupilla, i quali sono forati da canali meravigliosi che la proteggono dalla profondità del! 'acqua che circola tutt'intorno lasciando effondere fuori il fuoco, quanto più era sottile." - (frammento in: Aristotele *De sensu* 2.437b, 23) PS 31.B.84-

Il brano è ripreso, tra gli altri, da Alessandro di Afrodisia che ricorda:

"la sua opinione che la luce sia fuoco, che essa si diffonda e venga emessa dagli occhi e che per essa si produce il vedere. Con i suoi versi egli pone un'analogia tra la luce che è emessa dalla vista e quella che si effonde dalle lucerne." - Alessandro di Afrodisia *(De sensu* 23.8) PS 31.B.84-

La somiglianza con il pensiero infantile è più che evidente. Questa testimonianza sarebbe già da sola sufficiente ad ipotecare ancora di più la teoria della precausalità; a maggior ragione eserciterà il proprio peso se non si tratterà di un caso isolato. E in effetti è proprio così.

"Ipparco dice che da ciascun occhio si protendono dei raggi che con le loro estremità, quasi con prese di mani, si applicano ai corpi esterni e così producono la conoscenza di questi riguardo alla vista. Alcuni fanno seguace di questa opinione anche Pitagora (...) ed oltre a lui Parmenide." - Aezio (IV 13, 9-10) PS 28.A.48-

La tesi secondo cui la vista è prodotta da una 'luce' proiettata dall'interno dell'occhio sulle cose è ampiamente ripresa da Aristotele, che pure in altre occasioni parrebbe criticarla, nel libro terzo della *Meteorologica* (Aristotele: Meteorologica) per spiegare l'alone lunare, l'arcobaleno, il parelio, le strisce solari. Egli parla continuamente, in termini fisici e come se fossero cose, di forza e debolezza della vista e della sua capacità o incapacità di penetrare l'oscurità ovvero di giungere più o meno lontano.

Gli esempi si potrebbero moltiplicare notevolmente, prima e dopo Aristotele. Alcmeone prova questa ipotesi attraverso un procedimento quasi-sperimentale. Bernardo Silvestre la utilizza per spiegare l'acuta capacità visiva della lince.

Alcmeone: "L'occhio, dice, contiene fuoco, come è mostrato dal fatto che manda scintille quando è colpito." - Teofrasto *(De sensu* 26) PS 24.A.5 -

"La lince compie il miracolo di una vista straordinaria, perché ha dentro la fonte di una liquida luce." - Bernando Silvestre *(De mundi universitate* 1.3) PMp. 163 -

Né mancano casi di realismo ancor più radicale, che oggi verrebbero forse considerati sintomi psicopatologici ma che hanno fatto parte di teorie scientifiche di notevole momento. Così avviene, per non fare che un esempio, quando uno dei primi grandi pensatori a-rabi, il fisico e matematico Al-Kindi (nel *De radiis stellicis* secondo la testimonianza di Thorndike) "afferma che l'immaginazione umana può formare concetti e quindi emettere raggi che sono in grado di agire sugli oggetti esterni come potrebbe fare la cosa stessa di cui la mente ha concepito l'immagine" (HMES v. 1 p. 644).

Ancora nel 1558 Giovanbattista Della Porta, uno dei padri dell'ottica moderna, cercando con serietà di spiegare l'innamoramento ed alcune malattie, utilizza il paradigma della vista che promana fisicamente dagli occhi, e lo fa (analogamente ad AI-Kindi) in termini che Piaget chiamerebbe non solo realisti ma anche artificialisti. Il fatto è tanto più notevole se si pensa che il libro IV dello stesso volume è dedicato a studi piuttosto 'formali-astratti' di ottica, compresa un'originale analisi semi-sperimentale degli specchi.

"L'affascinamento, benché assai volte si faccia per il contatto, e con mestiere, non dimeno con gli occhi piglia la sua perfettione, perciocche escono da gli occhi dell'affascinatore alcuni spiriti venenosi, li quali vanno fino al cuore, per modo che tutto l'affascinato s'avelena." - Della Porta: Effetti dalla natura 101a-b-

In realtà questi esempi non sono che alcuni casi estremi, in ordine di tempo, di una delle ipotesi fisiche che ha resistito più a lungo e con più alto livello di *consensus omnium* per tutta la storia della scienza.

Secondo Daumas, questa teoria per cui "l'occhio emette raggi che esplorano gli oggetti e trasmettono le sensazioni visuali alla mente" è la "teoria della visione corrente nell'antichità" (Daumas, 1957 p. 18). La constatazione è confermata da Dijsterhuis (1950, cap. I). La teoria dei 'raggi visuali', infinitamente sottili e rettilinei ed emessi dagli occhi, si scontrò in un primo momento con la teoria, altrettanto precausale in quanto animistica, originariamente proposta da Democrito secondo cui la visione avverrebbe per effetto di immagini, o *eidola*, direttamente emanate dagli oggetti, ma ne ebbe presto il sopravvento. In conseguenza di ciò, la spiegazione secondo cui e la stessa cosa vedere e fare luce "fu la teoria ufficiale della visione per almeno quindici secoli" durante i quali "la quasi totalità degli scienziati e dei filosofi ragionava secondo lo schema dei 'raggi visuali' " (Ronchi, 1954 p. 164) e questo per tutta l'antichità ed il

41

medio evo: a dir poco dal IV secolo avanti Cristo fino almeno al secolo XI dopo Cristo. Secondo Daumas (1957) invece, nonostante le argomentazioni contrarie che l'arabo Ibn-al-Haitam (Alhazen) svolse appunto nel secolo Xl, la spiegazione tradizionale della vista attraverso i raggi era ancora egemone nel XVI secolo e sarebbe stata messa in crisi solo dagli scritti sull'ottica di Keplero, salvo qualche anticipazione di Francesco Maurolico, e quindi a partire grosso modo dal XVII secolo, e anche questo solo nell'ambito del pensiero colto.

Va altresì sottolineato che Alhazen non sostiene certo che esista la luce, entità che lui nemmeno concepisce ed infatti non esprime mai, ma al contrario afferma che "è inutile che i raggi esistano" *(Perspeetiva* 1.23 - SBMS 62.15); tutti i raggi: siano essi visivi o meno; né tenta di sostituire al tre teorie a queste, limitandosi a negare la logicità di una concezione radiale della visione. N on solo: ma tra i suoi contemporanei, che accorrono senza indugio in difesa dei raggi visuali, si trovano scienziati della levatura di Roger Bacon *(Opus maius* 1.7.34 - SBMS 62.15) e John Peckam *(Perspeetiva eommunis* 1.44-46 - SBMS 62.16). Mentre, come afferma E. Grant, "nel XIII secolo solo Witelo segUi' Halazen nel negare l'esistenza dei raggi visuali" (SBMS p. 407); il quale Witelo *(Perspeetiva* III.5 - SBMS 62.17), analogamente ad Halazen, non rifiuta di parlare, per comodità di descrizione matematica, di linee ideali che collegano l'oggetto all'occhio ma nega che possano essere queste la causa della visione.

Né mancano i casi in cui l'elementare teoria 'realistica' del vedere si accompagna ad una concezione scientifica piuttosto 'formale-astratta'. Ne è un buon esempio Domenico di Gund il quale utilizza esclusivamente (e senza il minimo dubbio, come realtà evidente) i raggi visuali per una descrizione di concetti ottici relativamente complessi.

"Ed essa (l'ottica] insegna che ogni cosa vista è vista solo per mezzo di un raggio che penetra l'aria e continuamente cade sulla cosa alla quale stiamo guardando. Ed i raggi penetrano corpi trasparenti fino a che raggiungono ciò che viene visto e sono diretti, riflessi, conversi o rifratti. I raggi sono diretti quando dopo essere usciti dall'occhio, si prolungano in una luce senza interruzioni fino a che traversano la loro distanza e si esauriscono. I raggi sono riflessi quando cominciano ad emergere dall'occhio ed uno specchio li ostacola prima che abbiano percorso una certa distanza (...)" - Domjnico di Gund *(De divisione philosophiae* fl. 1140) SBMS 17 -

Alla fine del '400 persino il genio di Leonardo, come ricorda Pierantoni (1981 cap. l), si lambicca il cervello col problema di conciliare i raggi diretti (dall'occhio) con quelli riflessi (dalle cose). Ad esempio: nel Codice Ashburnham 2038 cerca ancora di inventare argomentazioni logiche che permettano di negare l'esistenza di tali raggi diretti, chiaramente dati per ovvi dai suoi contemporanei.

Così, per la seconda volta nel lavoro di Piaget, il più infantile livello della precausalità è presente nell'adulto ed anzi ha convinto per un notevole arco di tempo "uomini di altissima levatura mentale" (Ronchi, 1954 p. 164) ed intere secolari culture.

Per una psicologia che pretenda di essere 'galileiana', una sola eccezione è sufficiente ad inficiare la legge (1); in tribunale due testimonianze valgono più o meno quanto venti: quello che conta è il loro essere plurali. Quanto già proposto potrebbe dunque essere sufficiente a mettere da parte, attraverso la medesima concezione della scienza cui Piaget per primo si richiama, la teoria della precausalità. Invece, per maggior sicurezza, non mi fermo certo qui ma cerco di fornire prove ulteriori che rendano il caso anche più chiaro.

7. *Significanti e significati*

Nel terzo paragrafo del primo capitolo di RM Piaget affronta l'i-

(1) Secondo il ben noto modello epistemologico proposta da Kurt Lewin, e variamente ripreso da non poca psicologia contemporanea, "la formazione dei concetti della psicologia è dominata, proprio come lo era nella fisica di Aristotele, dal problema della regolarità intesa nel senso di frequenza (...) L'elemento individuale gli sembra fortuito, irrilevante, senza valore per la scienza" (Lewin, 1931 p. 21). A tale concezione primitiva della psicologia si starebbe però sostituendo la nuova scienza galileiana, per cui "ci si va rendendo conto che ogni legge psicologica deve essere valida senza eccezioni" (ivi p. 31).11 richiamo all'indicazione lewiniana è particolarmente utile nel caso di chi, come Piaget, si trova a far coincidere il pensiero di Aristotele con i più elementari livelli dell'infantilismo.

43

potesi infantile secondo cui "si pensa con la testa" (RM p. 55); tale convinzione concerne il secondo e il terzo stadio del realismo nel bambino. Per la trattazione di questo tema rimando però al punto Il, dove esso viene affrontato anche nelle sue componenti animistiche le quali, secondo la teoria piagetiana della precausalità, rappresentano l'elemento principale della concezione puerile del pensiero. Passiamo dunque, per il momento, all'argomento successivo.

Il tema cui viene dedicato il secondo capitolo è quello del "realismo nominale" (RM p. 67), ovvero dell'origine e del valore intrinseco dei nomi. Tale realismo consiste nell'incapacità infantile a separare la parola dalla cosa, a scindere il significato dal significante, a cogliere quel "carattere arbitrario dei nomi" (RM p. 91) che starebbe invece alla base della modalità adulta di affrontamento del problema. Tale inettitudine a discriminare tra ciò che è dato e ciò che è figurato si collega all'ingenua convinzione secondo cui "per il fanciullo, pensare vuole dire maneggiare delle parole" (RM p. 91).

Il realismo nominale, come ogni rappresentazione del mondo secondo l'epistemologia genetica, passa attraverso più stadi. "Durante il primo stadio (5-6 anni), il fanciullo sostiene che abbiamo saputo il nome delle cose semplicemente guardandole: basta guardare il sole per scoprire che si chiama 'sole' " (RM p.. 74) in quanto "il nome del sole sembra, al fanciullo, implicare il calore, il colore, la forma del sole" (ivi p. 124). Vengono dunque riferiti numerosi e ricorrenti esempi sul tema.

Hom (5; 3): "Perché il sole si chiama così? - *Perché fa come se fosse il sole.*" - RM p. 89-

Interrogato sul nome del sole, Mart (8; lO): "Ma il suo nome come si è saputo? - *Si è visto.* - Che cosa si è visto? - *Il suo nome.* - Dove si è visto il suo nome? - *Quando era bel tempo.* - E come si è saputo che le nuvole si chiamavano così? - *Perché si è visto.* - Che cosa? - *Le nuvole.*" - RM p. 77-

Fert (7 anni) ci ha detto, come si è visto, che il nome di Salève r un monte dei dintorni) veniva *"dalla montagna"*. "Quando son venuti i primi uomini, come seppero che si chiamava Salève? - *Perché era in salita.* - Come seppero che il sole si chiamava così? - *Perché brillava.* - Ma da dove viene questo nome? - *Da solo.*" - RM p. 75 -

Bus (10 anni): il Salève si chiama così *"perché sale"*, le stelle *"perché ne avevano la forma"*, un bastone *"perché è grosso.* - Ciò

44

significa che il nome del bastone è grosso? - *E' lungo.''* - RM p. 90
-

Tale concezione infantile della semantica è però riscontrabile, oltre che nei protocolli piagetiani, anche in molte culture diverse dalla nostra, tanto che viene considerata da molti autori come una tendenza generalizzata tra i popoli selvaggi. Ne dà testimonianza, tra gli altri, Sapir che, oltre a riportare molti esempi della presenza di tale realismo nominale nell'adulto contemporaneo, parla della "diffusa sensazione, specie tra le popolazioni primitive, della presenza di quella virtuale identità o stretta corrispondenza tra parola e cosa che porta alla magia degli incantesimi" (Sapir, 1930 p. 157). Anche Werner rileva "la credenza generale fra i popoli primitivi che il nome sia, come ogni altra qualità, una proprietà dell'oggetto" (Werner, 1948 p. 251) per cui "il nome non solo sta in rapporto stretto con un oggetto, ma è parte costitutiva di tale oggetto" (ivi, p. 252). Indizi di una simile, spontanea, impostazione del legame naturale tra parola e cosa sono rilevabili indirettamente anche nella particolare mentalità che sta alla base delle scritture pittografiche ed ideografiche, come ad esempio quella egiziana antica, o quella cinese o quella mesoamericana. Analogamente: il concetto di 'forza dei nomi', secondo cui l'agire sulle parole viene riflesso in qualche modo sulle cose cui le parole stesse si riferiscono e viceversa, è spesso presente nella storia del pensiero scientifico come dimostrano le molte testimonianze riportate nell'arco di tutti gli 8 volumi dell'opera di Thorndike (HMES).

Il primo stadio del realismo infantile è del resto radicato anche nel pensiero scienti fico contemporaneo, sotto forma di una delle principali teorie glottogoniche che percorrono tutta la' storia della linguistica. Si tratta infatti della teoria dei *segni naturali* sostenuta tra l'altro, come ricorda Hofstätter (1963 p. 126), ancora nel 1927 da E.M. v. Hornbostel, nel 1940 da E. Fenz e nel 1956 da H. Strehle sotto la denominazione di "fisiognomica del linguaggio". Tale teoria viene ripresa ancora, in termini più attuali, da Dogana (1982).

La dottrina dei segni naturali, come è noto, pretende di rilevare l'esistenza di un legame primigenio e reciproco tra l'oggetto fenomenico ed il modo in cui questo viene spontaneamente nominato. In forma più moderna essa è ben presente, ad esempio, nel pensiero della Gestalt secondo cui gli oggetti percepiti posseggono anche del-

45

le intrinseche *qualità espressive*. In particolare Kohler, ricordando il concetto espresso nel verso di C. Morgenstern per il quale "tutti i gabbiani han l'aria di chiamarsi Emma", ripropone il notissimo e- sempio secondo cui vi è una spontanea propensione, in una partico- lare situazione sperimentale, ad attribuire il nome di "takete" ad un disegno spigolo so ed il nome di "maluma" ad un altro disegno pieno di rotondità (Kohler, 1947 p. 148 e sgg.). E' partendo da queste considerazioni, e aggiungendone via via delle altre, che Kohler ricava molti indizi sulla sostanziale continuità, in termini gestaltici, tra l'e- sperienza sensoriale e la rispettiva organizzazione mentale; il che lo porta a sviluppare la ben nota, quanto controversa, teoria dell'iso- morfismo psicofisico.

Piaget ritiene però che la teoria dei segni naturali sia puerile. Se- condo la sua ipotesi, l'infantilismo di questa concezione non viene meno neanche quando raggiunge un maggiore grado di elaborazione. Afferma infatti che "anche i fanciulli che localizzano il nome nella testa [passo avanti secondo Piaget] e credono all'origine recente dei nomi continuano a credere che i nomi implichino non più la cosa, ma l'idea della cosa: il sole si chiama così perché è brillante e rotondo, ecc." (RM p. 87). Ne consegue che "nel secondo stadio, possono essere raggruppati i fanciulli che non affermano (...) il legame fra nome e contenuto, ma che hanno semplicemente il senso di un ac- cordo" (RM p. 90). Quest'ultimo è appunto il caso di Kohler e della teoria gestaltista del linguaggio.

"Per i più piccoli dei nostri soggetti, è bastato vedere il sole per scoprire che si chiamava 'sole'. Si può dunque chiedere 'dove sono i nomi' " (RM p. 78). Piaget dedica quindi un nuovo paragrafo, dopo quello sull'origine delle parole, a chiedere ai fanciulli quale sia "il luogo dei nomi" (ivi).

Le risposte così ottenute permettono di ricavare una tendenza generale, caratteristica del primo e più elementare stadio di tale no- minalismo, secondo cui "il nome è nelle cose" (RM p. 78) ovvero "la parola è nella cosa, perché fa parte dell'essenza della cosa" (RM p. 79).

Il bambino molto piccolo ha difficoltà a separare la vista dell'og- getto dalla percezione (quasi dalla 'lettura' concettuale) del suo nome. Dal suo punto di vista, osservare e definire razionalmente paiono i due momenti coincidenti di uno stesso atto visivo: lo sguardo è il modo più intimo ed immediato per conoscere ed isolare la piena natura delle cose. Anche qui gli esempi non mancano.

Fert (7 anni), come si ricorderà, pensa che i nomi emanino dalle cose e che basti vedere le cose per scoprirne il nome. Il nome di 'sole', afferma ancora dopo gli interrogatori letti più sopra, si è formato *"da solo. - Tu credevi che si fosse formato ... - Nel sole."* E, un istante dopo, *"Dov'è il nome del sole? - Dentro. - Che cosa? - Dentro il sole. - E il nome di Salève? - Dentro. - Che cosa? - Dentro il Salève.Dov'è il nome delle nuvole? - Pure dentro."* - RM p. 79 -

Mart (8; 10): *"Dov'è il nome del sole? - In cielo. - E' il sole o il nome del sole, che è in cielo? - Il nome. - Perché in cielo? - Perché è in cielo."* - RM p. 81 -

La convinzione secondo cui, per la mente- umana, vi è un rapporto di stretta ed immediata continuità tra la nostra concezione della cosa ed il suo nome non è però un'esclusiva dei fanciulli. Secondo Piaget, dunque, per i bambini del primo stadio (5-6 anni) "basta guardare le cose per vederne il nome" (RM p. 76) in quanto "per essi, il nome fa parte dell'essenza della cosa (...) Il nome è dunque nell'oggetto, non come un'etichetta incollata sull'oggetto, ma come carattere invisibile. Dunque, per essere esatti, non bisogna dire che il nome 'sole' implica una palla gialla ecc., ma che la palla gialla che è il sole implica in realtà e contiene il nome 'sole' " (ivi). La stessa ipotesi viene formulata da Eraclito,che la riferisce però alla totalità degli uomini. Egli ritiene infatti che:

"Come possediamo un senso particolare per ognuna delle diverse sensazioni, come ad esempio l'occhio è il senso che percepisce la forma e il colore degli oggetti, così esiste un senso che coglie il nome appropriato, insito in ciascuna" - Ammonio *(ad Arist. De interpret.,* 24b ed Ald.) citato in Fano, 1962 p. 200-

A questa spontanea convinzione infantile si associa un tipico atteggiamento, condiviso da non pochi adulti, secondo il quale esiste un linguaggio naturale che preesiste a tutti gli altri, il che porta il fanciullo a scoprire con stupore l'esistenza di altre lingue oltre la sua. Da qui la convinzione medioevale che il linguaggio abbia per molti versi un carattere universale. Tale dottrina è anche parte inte-

47

grante della cultura biblica secondo cui, prima della punizione divina operata attraverso la torre di Babele, vi era per tutta l'umanità una sola lingua.

"Tutta la terra aveva un medesimo linguaggio e usava le stesse parole." - Genesi Il.1 -

Secondo Fano "nel Medio Evo si ritorna, per molti rispetti alla mentalità caratteristica della civiltà preellenica e si insiste su divagazioni teologiche, discutendo, ad esempio, se Adamo abbia conosciuto il nome di tutte le cose e in genere se egli sia stato uno scienziato perfetto (...) Per lo più si accetta il punto di vista biblico, secondo cui la favella è una facoltà originaria, impressa dal Creatore nell'anima del primo uomo" (Fano, 1962 p. 209).

Il più noto, e più attento, esponente della teoria dei segni naturali è forse Platone, che ne fa il cardine su cui ruota tutto il dialogo descritto nel Cratilo. In tale ampia trattazione a questo primo tema si affianca la dottrina secondo cui vi è stato un primitivo particolarmente saggio che ha dato il loro giusto nome a tutte le cose, tra cui in particolare: "il sole, la luna, le stelle, la terra, l'etere, l'aria, il fuoco, l'acqua, le stagioni, l'anno" (Platone: Cratilo 408d).

"E Cratilo dice il vero quando dice che le cose hanno per natura un nome e che non è di tutti essere artefice di nomi, ma solo di colui che ha presente quel che per natura è il nome per ciascuna cosa e che è capace di imprimere la forma alle lettere e alle sillabe" - Platone: Cratilo 390d-e -

E' appunto in virtù di tale naturale legame fra la parola e l'oggetto che

"I nomi stabiliti correttamente sono somiglianti alle cose di cui sono nome, e sono le immagini delle cose." - Platone: Cratilo 439a -

Anche Piaget scopre questa impostazione, nei fanciulli, ed afferma, riguardo allo sviluppo cognitivo infantile, che "durante un secondo stadio (7-8 anni) i nomi sono stati inventati dai creatori delle cose: il buon Dio e i primi uomini" (RM p. 69).

L'attitudine a fare spontaneo riferimento a "quelli tra gli antichi che han stabilito i nomi" (Platone: Fedro 244b), secondo Piaget ha un carattere anche puerilmente artificialistico. Ne riporta comunque diversi esempi.

Bab (8; 11): "Com'è cominciato il nome di sole? - Si *è detto che bisognava chiamarlo così*. - Chi l'ha detto? - *Certa gente*. - Chi? - *I primi uomini."* - RM p. 71 -

Fran (9 anni): "Sai che cos'è un nome? - *Per sapere come si chiamano gli alunni*. - Da dove vengono i nomi? Come sono incominciati? *E' stato il buon Dio. Egli ha detto: 'Ora bisogna fare dei fanciulli, poi chiamarli per nome'*. - Che cosa vuol dire chiamarli per nome? *Sapere quali alunni sono*. - 11 nome della tavola come è cominciato? - *E' stato il buon Dio che ha detto: 'Bisogna fare delle tavole per mangiarci sopra. E sapere che cos'è una tavola'."* - RM p. 71 -

Una simile tendenza, che non è propriamente convenzionalista bensì relativa all'idea di un demiurgo o di un'oligarchia di saggi che fornisce una volta per tutte il nome alle cose, è presente, come modello generale di organizzazione del reale, anche in un noto frammento, di Anassagora. Essa sta inoltre a fondamento della teoria biblica della creazione.

Anassagora: "Tutte le cose erano insieme; poi venne la mente e le dispose in ordine" - VF I, 6 -

"Iddio disse: 'Sia la luce': e la luce fu. Vide Iddio che la luce era buona e separò la luce dalle tenebre; e nominò la luce 'giorno' e le tenebre 'notte'. Così fu sera e mattina: primo giorno." . Genesi I, 3-5 -

8. Sogni

La trattazione del prima tipo di precausalità infantile (il realismo), dei tre che seconda Piaget caratterizzano, il pensiero del bambino, si conclude can un'analisi della concezione puerile del sogno, in cui viene chiesto carne esso nasce e dove si sviluppa.

Vi sarebbero tre livelli principali riguardo al realismo del sogno: nel primo stadio, esso viene da fuori e rimane esterno; nel secondo promana da noi ma è esterno a noi; nel terzo è interno e di origine interna. Tale sequenza viene confermata in gran parte anche da Laurendeau e Pinard (1962) e consiste sostanzialmente di un progressivo passaggio, dalla convinzione che il sogno sia qualcosa di estraneo al soggetto, cui si assiste passivamente come ad uno spettacolo, fino alla convinzione che la sua causa sia da ricercare dentro di

49

noi oppure in una spiegazione razionale.

In questo punto della ricerca piagetiana, l'accento posto sulla localizzazione del sogno può dare luogo a delle critiche metodologiche. Come nota lo stesso Piaget (RM p. 95-96) chiedere "dov'è?" il sogno potrebbe indurre delle risposte che si preoccupano di localizzarlo invece di descriverlo o spiegarlo. Ma alcuni dei dati raccolti a Ginevra non sembrano dare adito a particolari riserve.

> Schi (6 anni): "Allora, dov'è il sogno? - *E' quando si vede nero che il sogno viene.* - Dov'è? - *Mentre non si dorme è nella nostra testa. Mentre si dorme ne esce. Quando è notte, è notte; ma mentre si dorme non è più notte.* Quando esce, dov'è? - *Davanti agli occhi, e va contro al muro.* - Tuo papà lo vedrebbe? - *No.* - Non ci sei che tu a vederlo? - *Sì, perché sono io che dormo."* - RM p. 113 -

> Giamb (8 1/2): "Il sogno dove si trova? - *Nella camera.* - Dove? - *Nel letto.* - Dove? - *Sopra, dappertutto, nel letto."* - RM p. 106-

> Engl (8 1/2): "Quando si sogna, dov'è il sogno? - *Accanto a noi.* - Tu hai gli occhi chiusi, quando sogni? - *Sì.* - Dov'è il sogno? - *Sopra.* - Si può toccarlo? - *No.* - Vederlo? - *No.* - Uno accanto a te potrebbe vederlo? - *No."* - RM p. 100-

Questa prima fase del realismo infantile relativo al sogno si basa, a seconda dei casi, su due diverse inclinazioni.

"Secondo talune credenze (...) il sogno è localizzato nel luogo dove ci trasporta: se si sogna un signore che è nella strada, il sogno è nella strada 'sotto la finestra' " (RM p. 102). "Inoltre, quando si sogna la scuola, il sogno è 'a scuola' " (RM p. 124).

Avviene però che simili credenze, oltre che nel bambino, sono riscontrabili entro "l'antica teoria che il sogno è la registrazione delle esperienze di un'anima che lascia il corpo durante il sonno" (Hall, 1968 p. 261), credenza che è presente in molte descrizioni selvagge del mondo onirico. "Questa è infatti la rappresentazione comune del sogno presso i primitivi. La 'anima' lascia momentaneamente il suo corpo. Se ne va a volte molto lontano, conversa con degli spiriti o con dei morti. Al momento del risveglio, viene a riprendere il suo posto nel corpo" (Levy-Bruhl, 1922 p. 85).

"La seconda varietà di credenze si risolve nell'ammettere che il sogno sia nella camera (...) questa credenza all'esteriorità delle immagini che costituiscono il sogno è estremamente tenace" (RM p. 102). Tale ipotesi viene ricavata dall'interpretazione delle risposte al

50

quesito cruciale "Qualcuno accanto a te potrebbe vedere il sogno?" cui i bambini rispondono in genere negativamente. "Il fatto è che, nell'atto in cui poniamo quella domanda, essi pensano non alle sensazioni propriamente dette che costituiscono ciò che si vede in sogno, ma a qualcosa che, per così dire, fabbrica il sogno nella camera (...) Accanto a loro, c'è come una presenza che agisce sui loro occhi, ma che è invisibile a tutti" (ivi p. 101).

In realtà è solo il pregiudizio fisicalista piagetiano che ragiona nei termini di "una presenza che agisce sui loro occhi", secondo la moderna concezione della luce. Ed è proprio in base a tale stereotipo che l'Autore non riesce a rendersi conto di quello che i soggetti effettivamente stanno dicendo. Infatti, diversamente da Piaget, il fanciullo non pensa ad uno stimolo esterno per produrre la visione, ma si basa sulla propria concezione del vedere come emanazione dell'occhio. Avvicinando dunque i protocolli piagetiani secondo questa chiave di lettura, si scoprono molti indizi del ruolo primario che l'organo della vista, in quanto produttore di fenomeni visivi, giuoca nella costituzione del sogno sin dai primi due livelli del realismo onirico.

> Engl (8 1/2): "Con che cosa si sogna? - *Con gli occhi.* - RM p. 100
> Sci (6 anni): "Perché si fanno dei sogni? - *Perché è la luce che li fa.* - RM p. 105-
> Mith (7 1/2): "Sai che cos'è sognare? - *Sì.* - Con che cosa si sogna? *Con gli occhi."* - RM p. 117-

In questa circostanza il fanciullo dimostra altresì una notevole coerenza 'obiettiva' che l'interpretazione piagetiana del pensiero infantile non farebbe sospettare. E' anzi proprio un certo qual carattere sistematico e coordinato del suo modo di rappresentarsi la visione che gli rende difficile trovare una corretta collocazione per il sogno, che (come ogni percezione secondo l'ipotesi dei raggi visuali) è nel contempo prodotta dagli occhi e fuori di essi in quanto consiste di una luminosità che esce dalle pupille per avvicinare le cose.

Il dualismo insito in tale concezione, che abbiamo visto condivisa da secoli e secoli di scienza, produce anzi (per logica necessità) un effetto che Piaget colloca in una posizione intermedia tra il secondo e il terzo stadio del realismo. Tale effetto, secondo l'Autore, è spiegabile come un punto intermedio del percorso concettuale (ma descritto da Piaget in termini stranamente fisico-geografici) attraverso il quale ogni bambino pensa in un primo tempo che i sogni vengano da chissà dove o addirittura si svolgano altrove, poi li colloca nella stanza, poi negli occhi, e infine nella testa. Se invece si accetta l'ipotesi dei raggi visuali come un concetto coerentemente integrato nella fisica infantile (e greco-medievale), invece che come un'estemporanea puerilità, gli esempi di Piaget tendono a cambiare di significato.

Fav (8 anni): "Mentre si sogna, il sogno, dov'è? - *Davanti ai nostri occhi (...)*" Un momento dopo, Fav sembra aver compreso ['interiorità del sogno: "Quando si sogna, il sogno è in noi, o si è nel sogno? *Il sogno è in noi, perché siamo noi che vediamo il sogno.* - E' nella testa o fuori? - *Nella testa.* - Quanto hai visto, era nella testa, o fuori? *Nella testa.* - M'hai detto poco fa che era fuori; che significa? *Davanti ai nostri occhi!* - Vi è 'per davvero' qualcosa davanti agli occhi? - *Sì.* - Che cosa? - *Il sogno.*" - RM p. 115 -

Pig (9 1/2): "Dove si forma, nella stanza o in te? - *In me ... fuori.* - Ma che cosa credi? - *Fuori.*" "Da dove viene il sogno, dalla stanza o da te? - *Da me.*" "Dov'è, fuori di te, o in te?- *Al mio fianco.* - Dove? - *Nella mia camera.* - A che distanza? - (mostra a 30 cm dagli oc: chi)" - RM p. 112-

Step (7 1/2): il sogno è *"nella mia testa.* - Nella tua testa o davanti ai tuoi occhi? - *Davanti ai miei occhi. No, è nella mia testa.*" - RM p.122-

La rappresentazione del sogno come una realtà genericamente esterna al sognatore non è del resto esclusivamente infantile o primitiva, ma relativamente diffusa nell'età classica, come testimonia. la dottrina di Democrito, ovvero il fatto che Cicerone, volendo affrontare il tema del sogno, è incerto su quale punto di riferimento sia più giusto scegliere.

"Secondo Democrito i sogni dipendono dall'apparizione degli 'idoli' "- Aezio (V 2, 1) PS 68.A.136-

"Crederemo, dunque, che l'animo di chi dorme si muova di per se stesso mentre sogna, oppure, come ritiene Democrito che sia agitato da una visione esterna ad esso e accidentale?" - Cicerone *(De divinatione* II 58, 120) PS 68.A.137 - .

Il carattere di estraneità del sogno viene confermato dalla convinzione, abbastanza diffusa tra una parte dei bambini, secondo cui esso viene da fuori, nel senso che promana da Dio, dal cielo, e in genere da lontane forze soprannaturali.

Bourg (6 anni): "Quando sogni? - *Di notte.* - Dov'è il sogno, quando dormi? - *In cielo.* - E poi? ... - *Viene nella notte."* - RM p. 99 -

Had (6; 6) "Sai che cos'è il sogno? - *Quando si dorme e si vede qualcosa.* - Da dove viene? - *Dal cielo.* - RM p. 98-

Barb (5 1/2): "I sogni sono veri? - *No, sono immagini che vediamo.* Da dove vengono? - *Da Dio."* - RM p. 99 -

La sostanziale totalità del pensiero primitivo e classico, nonché una parte non insignificante del pensiero moderno (sotto forma di attribuzione al sogno di un carattere divinatorio) identifica le immagini oniriche con un messaggio inviato dal cielo, secondo un atteggiamento analogo alla spontanea "credenza del fanciullo nell'intenzionalità dei sogni" (RM p. 106). Nell'antichità classica vi era anche un dio del sonno, Morfeo, cui si sovrapponevano durante la notte le comunicazioni delle singole divinità. Quanto meno, come ricorda Freud, "prima di Aristotele gli antichi, come è noto, ritenevano che il sogno non nascesse dalla psiche del sognatore ma da un'ispirazione di origine diversa" (Freud, 1900 p. 13). E non pochi lettori, incontrando una delle testimonianze riportate da Piaget:

Bag (7 anni): "Da dove vengono i sogni? - *E' la notte. Dal buon Dio. Il buon Dio li fa venire.* - Come? - *Egli scende nella notte e ci parla nelle orecchie."* - RM p. 105 -

non avranno potuto fare a meno di andare col pensiero alle parole di Omero, significative anche se espresse in un testo senza pretese 'scientifiche'.

"La dea che gli occhi in azzurrino tinge, quasi fiato leggier di picciol vento, s'avvicinò della fanciulla al letto, e sul capo le stette, e, preso il volto della figlia del prode in mar Dimante, molto a lei cara e ugual d'etade a lei, cotali le drizzò voci nel sonno" - Omero: Odissea VI, 30-36 -

Del resto: in tutto l'arco del Vecchio e del Nuovo Testamento Dio scende per decine e decine di volte dal cielo a parlare con gli uomini nel sonno. Il fenomeno è così abituale che Giobbe arriva a fornirne un inquadramento teorico.

"Dio parla in un modo e poi in un altro, e l'uomo non se ne
rende conto; in sogno, in visione notturna, quando il sonno
discende sugli uomini, sopiti sopra i loro giacigli; allora apre
l'udito dell'uomo e con le sue apparizioni lo atterrisce." - Giobbe
33,14-16-

La possibilità di considerare il sogno come intenzionato dall'e-
sterno, e di inquadrarlo in una lettura del mondo di tipo realistico, era
ben presente nella cultura del primo '900 anche se (a conferma
dell'ineluttabilità di un costante parallelismo tra il pensiero infantile e
quello adulto) non veniva attribuita al bambino, bensì all'età
classica ed a non pochi esponenti del pensiero moderno. Freud, ad
esempio, vi si riferisce come ad un concetto ovvio e scontato. "Certo,
questa concezione prescientifica del sogno, negli antichi, era in piena
armonia con tutta la loro concezione del mondo, che era solita
proiettare all'esterno, come realtà, ciò che aveva realtà soltanto
all'interno della vita psichica. Essa teneva conto, oltre a ciò, dell'impressione principale che il sogno ci lascia quando siamo svegli, tramite
il ricordo che di esso rimane al mattino. In questo ricordo, infatti, il
sogno si oppone al rimanente contenuto psichico come qualche cosa
di estraneo, proveniente quasi da un altro mondo. Sarebbe del resto
sbagliato pensare che la teoria dell'origine soprannaturale dei sogni
manchi di seguaci ai giorni nostri. A parte tutti gli scrittori pietisti e
mistici - che del resto fanno bene a tenere occupati, fintanto che la
spiegazione scientifica non li conquisti, i resti del dominio del
soprannaturale, un tempo assai esteso - è possibile incontrare uomini
acuti, totalmente alieni da concezioni stravaganti, i quali tentano di
puntellare la loro fede religiosa nell'esistenza e nell'intervento di
forze spirituali sovrumane proprio con l'inspiegabilità dei
fenomeni onirici [qui Freud cita in particolare P. Haffner]. La
valutazione della vita onirica da parte di alcune scuole filosofiche, per
esempio quella di Schelling, è una chiara risonanza dell'origine
divina del sogno, mai posta in dubbio dagli antichi. E del resto, per
quanto chiunque abbia accettato la mentalità scientifica sia
inequivocabilmente portato a rifiutare simili posizioni, la discussione sulla virtù divinatoria e profetica del sogno non è ancor oggi
chiusa, dato che i tentativi di interpretazione psicologica sono in-
sufficienti a spiegare la totalità dei fatti conosciuti" (Freud, 1900

54

p. 14).

Come abbiamo già visto, in un successivo stadio del realismo infantile, sempre relativamente al sogno, sorge l'idea che esso origini dall'interno di noi, ma accanto ad essa resiste ancora la concezione della scena onirica come fatto che si svolge all'esterno del sognatore. In tale fase appaiono, assieme all'interpretazione di carattere generale sull'origine esteriore del sogno, due congetture significative di come il bambino esprima volentieri dei giudizi per nulla infantili.

La prima ipotesi consiste nell'indicare come fonte del sogno ciò che si è visto o pensato durante la giornata, secondo quel particolare realismo per cui "i nomi sono legati alle cose nominate, i sogni alle cose che si sognano, ecc." (RM p. 144) in quanto "la partecipazione delle immagini e delle persone rappresentate deve essere concepita secondo lo stesso schema della partecipazione dei nomi e delle cose nominate" (ivi p. 108).

Grand (8 anni): "Sai che cos'è sognare? - *Una volta ho visto un uomo che mi ha fatto paura di giorno e l'ho sognato di notte.*" - RM p. 120 -

Giamb (8 1/2): "Da dove vengono i sogni? - *E' quando si è fatto qualcosa e ci si ragiona sopra.* - Che cosa vuoi dire? - Si *è fatto qualcosa e ci si ragiona sopra.*" - RM p. 106-

Fav (8 anni): "Che cos'è un sogno? - *E' un pensiero.* - Da dove viene? - *Quando si vede qualcosa e poi si pensa.*" - RM p. 11.4 -

Piaget sceglie di interpretare queste parole come una prova del fatto che, per il fanciullo "l'immagine sognata emana dalla cosa o dalla persona che la rappresenta" (RM p. 124). Gli attribuisce cioè la teoria degli eidola proposta da Democrito. Tale puerile convinzione è però forse meno 'concreta' di quella democritea.

Come ci ricorda Freud, questa ipotesi è propria anche ai "numerosi studiosi, che non intendono porre in dubbio l'esistenza di un nesso intimo fra contenuto onirico e vita quotidiana" (Freud, 1900 p. 26). Tale opinione, secondo cui il sogno riprende una parte di sé da ciò che si è fatto e visto durante la veglia è testimoniata, lungo tutto l'arco della storia del pensiero, in numerose occasioni, cui Freud dedica il paragrafo 1A della Interpretazione dei Sogni, che vanno dal *De Divinatione* di Cicerone secondo cui "s'aggirano confuse negli animi specialmente le ombre delle cose pensate o fatte da desti" (Freud, 1900 p. 18), fino ad uno scritto di L.F.A. Maury, edito nel 1861, per il quale "Sogniamo quello che abbiamo visto, detto, desiderato, fatto" (ivi p. 17).

Un altro esempio, tra mille altri, è rappresentato da Empedocle.

"Empedocle parlando delle differenze dei sogni sostiene che dalle attività giornaliere 'nascono le fantasie notturne" - Filopono *(De anima* 486,13) PS 31.B.I08-

Questa ipotesi coincide altresì con la teoria dei residui diurni, sostenuta dallo stesso Freud, per cui "in ogni sogno è possibile ritrovare un collegamento con le vicende del giorno precedente" (Freud, 1900 p. 158).

Una seconda considerazione spesso avanzata da Piaget è quella secondo cui "il sogno non è per il fanciullo un fenomeno qualunque, ma un evento carico di affettività" (RM p. 106) il che farebbe credere che "i sogni siano considerati da certi fanciulli come una specie di castigo, e che sia il carattere di sanzione che porta questi fanciulli a supporre che le persone di cui sogna non siano estranee alla genesi del sogno" (RM p. 105). Per altri bambini prevale invece l'idea del sogno come un'esperienza gratificante.

"Un fanciullo ha detto che si sogna ciò che desta interesse, .. un altro che quando si pensa alle cose è perché *"si vorrebbe averle",* un terzo che ha sognato sua zia perché gli fa piacere rivederla. Più spesso i fanciulli credono di sognare perché hanno avuto paura, ecc." - RM p. 129 -

Non è difficile ritrovare in queste concezioni un'espressione della teoria freudiana secondo cui "il sogno è l'appagamento di un desiderio" (Freud, 1900 p. 121), e questo anche quando, a causa del carattere troppo esplicito di tale appagamento, la censura mentale interviene deformando i pensieri onirici latenti e trasformandoli in un contenuto manifesto di tonalità penosa.

Anche nel caso del sogno (come in quello della nozione di pensiero, della visione e dell'origine dei nomi) Piaget attribuisce alla mentalità infantile alcune descrizioni del mondo che sono (o sono state) patrimonio rilevante della cultura scientifica adulta. Avviene insomma che molti degli esempi i quali, secondo l'interpretazione piagetiana, dimostrano l'esistenza del realismo precausale infantile si rivelano invece per una testimonianza della profonda continuità che lega le interpretazioni del mondo quali si presentano nelle diverse età dell'uomo.

Mi sono dilungato un poco sul problema del realismo infantile poiché Piaget gli attribuisce un carattere di particolare significatività nel caratterizzare l'infantilismo del pensiero precausale. Per conseguenza, la constatazione che tale precausalità è spesso adulta, e non di rado proposta da una scienza ufficiale, mette drammaticamente in dubbio l'utilità stessa di ipotizzare una simile categoria del pensiero. Se le caratteristiche più significative (quelle che Piaget propone per prime) della precausalità infantile sono state diffuse per secoli e secoli nel pensiero adulto, e non di rado vi sono presenti anche oggi, allora il senso profondo dell'epistemologia piagetiana, che si basa in misura cospicua sulla classificazione dei diversi pensieri ai diversi livelli della scala evolutiva e della razionalità, può risultare lontano da quello che Piaget propone.

Nei paragrafi che seguono affronterò invece il problema dell'animismo e dell'artificialismo, vale a dire degli altri due paradigmi che completano il quadro del pensiero precausale. Seguirò tuttavia solo parzialmente la successione piagetiana in quanto i due paradigmi tendono a sovrapporsi ed è quindi più utile affrontarli in base ai temi della realtà esterna che di volta in volta si chiede al bambino di spiegare, piuttosto che secondo le costruzioni riassuntive dell'interpretazione di Piaget. L'Autore stesso, del resto, nel tomo sulla Rappresentazione del Mondo, fa continui rimandi dai capitoli sull'animismo a quelli sull'artificialismo e viceversa, mentre nel tomo sulla Causalità Fisica abbandona il criterio ispirato ai vari tipi di spiegazione per usare un sistema di classificazione delle risposte basato solo sugli argomenti di volta in volta trattati.

57

Capitolo 3

FALSE COSCIENZE

9. Sincretismi

La dimostrazione da parte di Piaget dell'esistenza di una precausalità infantile, distinta dalla causalità adulta, trova il suo maggiore supporto nel concetto di animismo.

"L'animismo infantile è la tendenza a concepire le cose come viventi e dotate di intenzionalità" (Piaget, 1940 p. 34). L'esistenza di questa categoria del pensiero viene dimostrata nell'arco di tutta la ricerca sulla realtà-causalità, ed in particolare nel corso di due capitoli: l'uno su "la coscienza attribuita alle cose" (RM II.5), l'altro su
. "il concetto di vita" (RM 11.6). In effetti, l'interpretazione animistica si riferisce contemporaneamente a più fenomeni (quali appunto la coscienza, la vita e il movimento) che non vengono chiaramente separati all'in temo del lavoro piagetiano.

Infatti una simile divisione andrebbe contro la stessa logica infantile, poiché il fanciullo, secondo il modello sincretico che caratterizza il suo modo di ragionare, utilizza intercambiabilmente, come in un gioco di specchi o di vasi comunicanti, ciascuno di questi paradigmi senza necessariamente distinguerlo dagli altri due. Cosciente, vivente, intenzionato, in movimento, sono quasi sinonimi. La vita, la forza, l'azione, vengono tradotte l'una nell'altra. Infatti, secondo Piaget, "il bambino definisce la forza quasi esattamente come definisce la vita" (CF p. 103); "egli si rappresenta il movimento come necessariamente orientato verso uno scopo e, di conseguenza, come confusamente intenzionale e diretto" (Piaget, 1940 p. 33); ovvero "il fanciullo si comporta secondo la sua classificazione in esseri viventi e non viventi per sapere come assegnare a questa o quella cosa una coscienza" (RM p. 210).

Tale sincretismo concettuale dipende dal particolare carattere del paradigma animistico, quale viene espresso dal bambino, che consiste di una sorta di colorazione generale dei fenomeni più che di una loro rigida classificazione. "L'animismo esiste nel fanciullo molto più come orientamento spirituale, come schema di spiegazione, che come credenza coscientemente sistematica" (RM p. 193).

In base alle sue ricerche, Piaget afferma che vi sono quattro stadi per l'animismo infantile (RM p. 179 e 199-200). Nel primo è cosciente (vivo) tutto quello che ha una qualsiasi attività, o una qualche funzione, anche se al momento dato è immobile; per cui un oggetto può contenere potenzialmente una coscienza anche se non manifesta attualmente la propria attività. Nel secondo stadio è vivo (cosciente) solo ciò che è effettivamente in moto. Nel terzo stadio è cosciente (vivo) solo ciò che è dotato di movimento proprio. Nel quarto stadio sono vivi (coscienti) solo gli animali, o gli animali e le piante.

Come è noto, Piaget riprende esplicitamente il termine "animismo" dai lavori di Levy-Bruhl sui primitivi, il quale a sua volta proseguiva una tradizione impostata da Tylor. Benché nel presente capitolo la sovrapposizione tra causalità adulta e precausalità infantile si basi essenzialmente su esempi tratti da scienziati dell'età classica, è ugualmente significativo rilevare ancora una volta la profonda continuità tra pensiero piagetiano relativo ai fanciulli e pensiero antropologico del primo '900 relativo ai selvaggi. Per costoro infatti, come per i bambini, "la differenza fra uomini, animali e piante - e persino oggetti inanimati - non esiste sul piano naturale, ma è questione soltanto di grado" (Levy-Bruhl, 1927 p. 79). "Altrettanto universale è la credenza nel soprannaturale. Animali e aspetti attivi della natura sono visti in forma antropomorfica e dotati di poteri sovrumani. Altri oggetti sono considerati in possesso di qualità benefiche o malefiche. Il potere magico è onnipresente (...) Tylor, Spencer, Frazer, Bastian, Andree, Post e molti altri hanno raccolto numerosi e vari esempi di queste analogie, così che non è necessario dare ulteriori dettagli" (Boas, 1911-1938 p. 136).

Il carattere ingenuo, egocentrico ed infantile di questo modo primitivo di ragionare viene del resto enfatizzato dal alcuni antropologi in quanto permette loro di sviluppare una distinzione, tra culture superiori e inferiori, molto simile a quella svolta da Piaget in relazione agli stadi dello sviluppo mentale. Secondo alcuni, in particolare, è proprio la presenza dell'animismo, e in genere di un paradigma mentale prelogico (in tutto simile alla precausalità di Piaget), che permette di operare una distinzione tra culture avanzate e culture arretrate. Valga per tutti Kroeber, secondo cui: "Le culture arretrate, nei loro rituali magici, sciamanistici e animistici, riconoscono come fatti obiettivi alcuni fenomeni che le culture avanzate considerano come oggettivamente illusori e soggettivamente derivati da una mente psicotica o sconvolta. l confini del rapporto tra la personalità ed il mondo sono tracciati in modo diverso nelle due serie di culture. Ciò che la cultura più elevata stigmatizza come personale, non reale e non sociale, anormale e patologico, la cultura inferiore lo tratta come oggettivo, in grado di portare ad una migliore comprensione delle cose, ed utile socialmente" (Kroeber, 1923-1948 p. 299).

Anche secondo Piaget esiste un parallelismo storico, in qualche modo simile, tra l'animismo infantile, che egli talvolta definisce come tendenza ad attribuire una capacità dinamica agli oggetti, ed il pensiero greco classico. Afferma infatti che "il dinamismo del bambino è un pan-psichismo, o un ilozoismo" (CF p. 100-101) e che "la sua nozione di forza è più vicina a quella che concepivano i greci che a quella che caratterizza il nostro senso comune contemporaneo" (ivi p. 101). Non trae però nessuna conseguenza da tale curiosa somiglianza.

10. Forze

Il cardine centrale dell'animismo-sincretismo piagetiano è senz'altro rappresentato dall'analisi dell'interpretazione infantile del concetto di forza. Tale concetto riassume in un certo senso tutta la rappresentazione cognitiva che il bambino sviluppa relativamente agli esseri animati.

Il problema della forza, in fisica, è talmente complesso che non mi sento davvero in grado di condurlo a fondo. Mi contenterò dunque di fare presente come l'idea di forza possa imporsi quale categoria unificante dei fenomeni fisici solo dal punto di vista di una parte della fisica contemporanea, mentre presso un'altra parte della stessa scienza attuale, e in molta della ricerca classica sul tema, il ragionare della forza come di un'entità a sé stante (concetto cui Piaget fa riferimento) dà luogo ad un interminabile questionare epistemologico per le evidenti implicazioni metafisiche (animistiche?) di un concetto, pure a prima vista così astratto e formale, come quello di un principio motore universale. Mi limiterò dunque, ancora una volta, a rilevare le molte continuità tra la scienza e la prescienza, senza entrare nel merito di quale sia il modo esatto (ammesso che vi sia) per definire la forza, o la vita.

I risultati cui giunge Piaget sono molto simili a quelli cui fa riferimento una parte della storiografia della scienza, o almeno quella che sostiene l'esistenza di un processo di sviluppo scientifico a carattere cumulativo ed evolutivo. Piaget infatti parla di un bambino da cui, al principio, "in generale, il movimento non viene concepito indipendentemente dal suo scopo, né la forza senza *officium*" (CF p". 100) ma poi, durante le fasi finali della precausalità che si stemperano nella causalità adulta, egli giunge spontaneamente a conoscere le leggi "della fisica di Newton poiché "infine, durante un quarto ed ultimo periodo, il bambino semplifica la sua concezione del movimento e arriva a poco a poco a una causalità meccanica, fondata sull'inerzia, la cui comparsa coincide con l'abbandono della mentalità animista ed artificialista" (CF p. 99). Il parallelismo tra elementi della conoscenza individuale e momenti della storia scientifica verrebbe dunque confermato sperimentalmente, proprio analogamente a quanto avviene, ad esempio secondo Jammer, nella storia della fisica. "Per quanto concerne il concetto di forza, esso fu in origine in base ad analogie con la forza di volontà, l'influenza spirituale oppure lo sforzo muscolare degli uomini, e venne poi proiettato sugli oggetti inanimati come un potere insito negli oggetti fisici" (Jammer, 1957 p. 19).

In effetti tutta la dinamica è attraversata dal complesso problema relativo alla separazione o meno del movimento da entità superiori, quali la forza o l'anima, a cui ricondurne la spiegazione. Il quesito è stato risolto in molti modi, ma non è raro che analisi anche molto acute non siano di fatto riuscite a decidere in modo definitivo l'esistenza di quella causalità meccanica e di quel principio di inerzia che la scuola di Ginevra indica invece come spontanee conclusioni cui ognuno perviene dopo i 12 anni.

Del resto, la commistione di moto e anima, di forza e vita, è presente in buona parte dell'antichità classica. Come nota Aristotele, essa circola almeno dai tempi di

"Democrito quando asserisce che il movimento viene impresso dall'anima" - Aristotele: Anima I 408b, 1 -

Avveniva infatti che

"tutti coloro che riguardano l'essere animato come moto, assumono l'anima quale motore per eccellenza" - ivi I 404b, 7 -

Il concetto è presente, se pure con delle perplessità, anche nel medioevo, specie a proposito dei corpi celesti.

"I filosofi invero suppongono che sia i pianeti sia tutto il mondo siano animati, e non esitano ad affermare che essi sono animali razionali, immortali ed impassibili, dicendo che qualsiasi moto appartenente ai corpi comincia dall'anima e che successivamente il corpo si muove soltanto in virtù di questa" - Pietro Abelardo *(Expositio in Hexaemeron* coli. 752) CM p. 109 -

Secondo Piaget il tema viene risolto, in termini di sviluppo cognitivo, attraverso una successione che attribuisce in un primo tempo carattere animato a tutti i movimenti per poi restringere sempre più tale qualità fino ad attribuire l'anima esclusivamente all'uomo o forse agli animali. Si ha coincidenza tra vita, forza e movimento; quindi, perché ci sia vita o forza, ci vuole consapevolezza e capacità di scelta autonoma.

In una prima fase:

Kenn (7 1/2): "L'acqua è viva? - *Sì.* - Perché? -*Perché si muove* - Il fuoco è vivo? - *Sì, si muove* - Il sole è vivo? - *Sì, cammina."* - RM p. 205 -

Grand (6 anni): "Il sole è vivente? - *Sì, perché va avanti."* - CF p.65
Keut (9; 3): "Sai che cos'è un essere vivente? - *Sì, che si muove."* - RM p. 205-

In un secondo momento:

Fran (5; 5): "Un verme è vivo? - *Sì, può camminare.* - Una nuvola è

63

viva? - *No, è il vento che la spinge.*" - RM p. 207 -

01 (8 1/2): "La luna ha della forza? - *No, perché non si muove lei: è ['aria che la fa muovere. -* Che cosa vuol dire avere della forza? - *E' qualcosa che si ha nel corpo.*" - CF .p. 104 -

Storicamente la successione (se successione vi è) non è stata però altrettanto lineare. Platone, ad esempio, esprime una mentalità allineata al secondo stadio del realismo infantile poiché afferma che la vita (l'anima immortale) coincide con il movimento autonomo ma non con. quello provocato da cause esterne.

"L'anima è immortale; perché ciò che sempre si muove è immortale. Ora, ciò che provoca movimento in altro ed è mosso esso stesso da qualcos'altro, se subisce un arresto di movimento smette di vivere (...) Ecco dunque: ciò che muove se stesso è principio di movimento; esso non può né morire né nascere, altrimenti l'intero universo e tutto ciò che è in movimento, cadendo in rovina, si fermerebbe e mai più potrebbe trovare donde riprendere "moto e vita. Ora che abbiamo dimostrato l'immortalità di ciò che si muove da sé, nessuno avrà scrupoli ad affermare che proprio questa è l'essenza e la definizione dell'anima. Perché ogni corpo il cui movimento sia provocato dall'esterno, è inanimato, ma ogni corpo che "riceve il movimento dall'interno, da se stesso, è animato" - Platone: Fedro 245c-e -

Invece Tommaso, forse la maggiore intelligenza sistematica del medioevo, "secondo cui la potenza attiva si identifica con Dio, in quanto "In Dio l'azione non si distingue dalla potenza" (Tommaso: Contra gentiles II, IX.2) non ha motivo di separare il moto dalla scelta di muoversi e tende anzi ad identificare il movimento con la volontà di movimento. Il pensiero dell'Aquinate è molto più profondo di quanto possa accennare qui, tuttavia sembra avvicinarsi al primo stadio del realismo infantile, cioè ad un livello inferiore rispetto a Platone, quando afferma:

"Tutto ciò che agisce ha la capacità di agire: poiché chi non ne è capace, è impossibile che agisca; e ciò che è nell'impossibilità di agire . necessariamente non agisce" - Tommaso: Contra gentiles II, VII.3 -'

Aristotele invece, che storicamente è contemporaneo (benché solo in giovane età) di Platone, potrebbe venire almeno apparentemente classificato nel quarto stadio del realismo (ed oltre) quando afferma:

"L'essere animato sembra differisca dall'inanimato specie per due attributi: moto e atto percettivo" - Aristotele: Anima 1 403b, 26-27 -

Abbiamo visto che, nel primo stadio dell'animismo, il bambino "afferma semplicemente che ogni oggetto può a un dato momento essere sede di coscienza, tale è il caso in cui l'oggetto sia in un grado qualsiasi attivo o sede di un'azione" (RM p. 180). Questa convinzione è sì infantile ma anche (ed in termini straordinariamente animistici se si considera che essa viene espressa contemporaneamente all'affermazione di una sorta di quel principio inerziale che secondo Piaget coincide con il completo superamento dell'animismo) da una mente acuta come quella di Leonardo (in una nota che, a giudicare dal contesto, pare espressa senza il minimo intento metaforico).

Tann (8 anni): "Un sasso vive? - *Se lo si lancia, se gli si danno spinte per farlo camminare*" - RM p. 201 -

Barb- (6 anni): "I sassi sono vivi? - *No.* - E quando rotolano? - *Sì, quando rotolano sono vivi. Quando invece sono fermi non sono vivi.*" - RM p. 207 -

"Forza dico essere una potenza spirituale, incorporea e invisibile, la quale con breve vita si causa in quelli corpi che per accidentale violenza stanno fori di loro naturale essere e riposo: spirituale dissi, perché in essa forza è vita attiva; incorporea e invisibile dico, perché il corpo dove nasce non cresce in peso né in forma; di poca vita, perché sempre desidera vincere la sua cagione e, quella vinta, sé occide" Leonardo: Scritti *(Manoscritto B 63r)* p. 70-71 -

Tale concezione infantile permette poi, se rovesciata, di attribuire l'anima (la forza) a ciò che, pur non essendo animato né sensibile, è in grado di suscitare il movimento o il sentimento in altri. Un'idea del genere, che testimonia di una precausalità portata all'estremo (in quanto del tutto metafisica) è sostenuta da Talete, secondo cui il magnete è animato benché la sua vitalità non consista in un'azione indipendente bensì nella capacità di produrre il moto in un altro oggetto.

[1]

"Talete pensò l'anima come forza motrice, se disse che la pietra [di magnesia] ha un'anima perché attira il ferro" - Aristotele: Anima 1 404a, 20-

L'attribuzione di un'anima ad oggetti evidentemente immobili ed incapaci di muoversi, ma collegati al movimento di altri oggetti, è particolarmente significativa in quanto ha resistito a lungo anche nella mente dell'uomo moderno. Ancora al principio del XVIII secolo il carattere animato della calamita era un concetto diffuso, come testimonia Vico.

> "Gli uomini ignoranti delle naturali cagioni che producon le cose, ove non le posson spiegare nemmeno per cose simili, essi dànno alle cose la loro propria natura, come il volgo, per esempio, dice la calamita essere innamorata del ferro" - Vico: Scienza nuova I.2.XXXII -

Nella dottrina piagetiana una ulteriore caratteristica della concezione infantile del movimento (il quale nel primo stadio viene descritto come coincidente con l'essere animato) consiste nella sua utilità (nel suo finalismo utilitaristico). La vita, e la forza, coinciderebbero, almeno in parte, anche con la capacità di agire sulle cose in una direzione a noi favorevole. Così avviene nel primo livello dell'animismo, relativamente al concetto di vita. "Le risposte di questo primo stadio hanno tutte un fondo comune, che consiste nel definire la vita mediante l'attività e, cosa interessante, un'attività generalmente utile all'uomo e, in ogni caso, nettamente antropocentrica" (RM p. 201).

> Tiè (10; 10): "Il sole ha della forza? - *Sì, perché illumina.* - Il fuoco? - *Sì, perché brucia.* - Un bastone? - *Sì, perché può tener su Le case.* - Il vetro? - *Sì, perché può tagliare.* - Gli alberi? - *Sì, perché fanno venire i frutti.* - L'erba ha della forza? - *Sì, perché è utile.* - Un cucchiaio? - *Sì perché serve a tante cose.* - Le nuvole hanno della forza? - *No, perché non fanno niente.* - La pioggia? - *Sì, perché fa entrare i grani nella terra."* - CF p. 104 -

> Ve! (8 1/2): "Il sole è vivo? - *Sì.* - Perché? - *Perché illumina.* - Una candela è viva? - *No.* - Perché? - *Perché rischiara. E' viva quando rischiara, ma non è viva quando non rischiara.* - (...) - Una montagna è viva? - *No.* - Perché? - *Perché non fa nulla.* - Un albero è vivo? - *No; quando ha frutti è vivo, quando non ne ha non è vivo."* - RM p. 201 -

Nell'interpretare le risposte di questi fanciulli si pone indubbiamente un problema linguistico, nel senso che occorre stare attenti a non leggere una metonimia (o anche una sineddoche) come se fosse una spiegazione. A ben vedere, infatti, il bambino (in questo come in altri casi) potrebbe esprimere solo uno scambio retorico tra effetti e cause, in quanto descrive la conseguenza attraverso il suo principio (o il tutto attraverso la sua parte) ma non è detto che li confonda. Attribuire (come fa Tiè) la forza, il movimento e la vita alla luce o al calore, che anche secondo una fisica più 'evoluta' possono essere considerati forze in movimento, non è un'attestazione così evidente di precausalità. Assegnare il carattere di strumenti in grado di modificare il vettore della forza al contrafforte (che scarica a terra il peso della casa), alla leva (il cucchiaio) ed al cuneo (il vetro), non è necessariamente una prova di infantilismo se non per la mancanza di organizzazione teoretica di tali rilievi; organizzazione che peraltro è recentissima (oltre che controversa) nella storia della scienza· adulta. Anche ravvisare la presenza di una vitalità, e di una forza, in ciò che biologicamente sta alla base della vita, come la riproduzione (attraverso i semi ed i frutti), non mi sembra si discosti poi molto dalla definizione 'scientifica' della vita stessa.

La definizione dell'attività in termini antropocentrici, finalistici e moralmente determinati, che pure è presente solo in parte nelle interviste riportate da Piaget, non è poi un'abitudine esclusiva al mondo infantile. Tra le molte altre occasioni in cui è possibile ritrovarla presso intellettuali di grande levatura scomoderò ancora San Tommaso, il quale dedica il terzo libro della *Summa Con tra Gentiles* a tale problema e, dopo il prologo, afferma due dati essenziali: che "Tutto ciò che agisce, agisce per un fine" (cap. III.II) e che "Tutto ciò che agisce, agisce per un bene" (cap. III.III). Conclude quindi il terzo capitolo con un'affermazione di carattere generale.

> "Ogni essere soggetto al moto viene guidato al termine del moto da una causa movente e agente. Perciò movente e mosso tendono necessariamente all'identico risultato. Ora, chi è soggetto al moto, essendo in potenza, tende all'atto. e quindi alla perfezione e al bene. Ecco perché i filosofi nel definire il bene hanno detto "il bene è ciò che tutti gli essere desiderano". E Dionigi afferma *(De Div. Nom.,* c4) che "tutte le cose bramano il bene e l'ottimo" " - Tommaso: Contra Gentiles III.III, 9 -

Un'altra delle confusioni che il bambino opera, a differenza dell'adulto, "consiste nel caratterizzare la forza mediante la taglia e il peso (due criteri che possiamo considerare assimilabili l'uno all'altro)" (CF p. 106). Avviene cioè che "nei livelli primitivi, peso è sinonimo di forza e di attività" (CF p. 214).

Pec (7; 3): "Un sasso ha forza? - *No, perché è leggero; si può rompere con un martello.* - E un sasso grosso? - Sì, *può schiacciarti i piedi."* - CF p. 106-

Weux (8 anni): "Le nuvole hanno della forza? - *Sì, perché sono grosse.* - Che cosa vuoi dire essere forti? - *Quando si può sollevare qualcosa.* - Il fuoco è forte? - *No, perché è leggero."* - CF p. 106-

Anche in questa occasione si possono istituire molti parallelismi con il pensiero adulto ma, così come nel caso del rapporto tra vitalità e movimento, anche l'evoluzione storica del nesso tra peso e forza è piuttosto discontinua. Lo stesso Piaget, del resto, rileva come "la definizione della nozione di forza" (CF par. 1.5.2) non avviene secondo una sequenza altrettanto scalare come per le altre nozioni della fisica. Così, anche nello sviluppo delle scienze, troviamo un Ecfanto che nega tale sovrapposizione tra peso e forza, mentre un Leonardo la sostiene apertamente ricollegandola al movimento (con tutte le implicazioni che si connettono ad un concetto onnicomprensivo di peso-forza-movimento-vita).

Ecfanto: "I corpi son mossi non dal loro peso o da urti, ma da una potenza divina, che egli chiama anima e mente" - Ippolito *(Refutatio contra omnes haereses* 115 p. 18) PS 51.1 -

"Nessuno elemento ha in sé gravità o levità se non si move" - Leonardo: Scritti *(Codice Arundel* 205r) p. 563 - "Il moto materiale è fatto dal peso o dalla forza: quello che è fatto dal peso alcuna volta genera forza e alcuna volta altro peso, e quello che è fatto dalla forza ancora fa il simile" - Ivi *(Codice Atlantico* 27rb) p. 341 - "La gravità, la forza insieme alla percussione non sono solamente da essere dette sorelle e figliole e genitrici l'una dell'altra, ma ancora sorelle, perché dal moto esse sono generate, e d'esso moto sono generatrici" *(Codice Arundel* 37v) citato in Somenzi, 1954 p. 149-

Infine Jammer considera questa coincidenza tra peso e forza come una caratteristica costante del pensiero fisico classico. Infatti "il peso costituisce certamente il primo tipo di forza che si sia dovuto misurare ed è l'unica forza in base alla quale, sino ai tempi moderni, tutte le altre sono state espresse" Jammer, 1957 p. 52).

L'ultima caratteristica infantile del movimento che viene affrontata in questa sede è il modo in cui il bambino spiega il moto dei proiettili (CF 1.1.3). Si tratta di uno dei pochi casi in cui è lo stesso Piaget a rilevare l'evidente continuità tra il pensiero infantile e quello della fisica classica. Nei protocolli di Piaget viene infatti espressa una tendenza generale e persistente a spiegare lo spostamento forzato dei gravi mediante una sorta di *antiperistasi* aristotelica, per cui il movimento è prodotto dal riflusso dell'aria dietro al proietto, ovvero dal moto che l'oggetto trasmette all'aria e che l'aria a sua volta ritrasmette all'oggetto.

Gal (10.2): "Perché la palla avanza? .,. ecc.? - Si *è dato uno slancio. - Ma come fa ad andare così lontano? - Attraverso l'aria. - Da dove viene quest'aria? - Da noi, perché si soffia .*• Perché c'è stata dell'aria fin laggiù? - *Perché questa fa aria. - C'era già aria nella stanza? - Sì. - E in una stanza senza aria, la palla cadrebbe quando la si lancia? - Non cadrebbe, perché è in movimento ... la palla si muove e questo fa aria."* - CF p. 22 -

L'interpretazione aristotelica del moto dei proiettili non è del tutto univoca, tuttavia, per quanto concerne il moto violento (cioè quello che contrasta con la tendenza dei diversi elementi a raggiungere il proprio luogo naturale) Aristotele utilizza effettivamente la stessa spiegazione dei bambini del "quarto livello (età media IO anni)" (CF p. 22).

"I proiettili si muovono ancora, benché non li tocchi più colui che li ha lanciati, e si muovono o per reazione (antiperistasi), come dicono alcuni, oppure perché l'aria, spinta, spinge a sua volta." - Aristotele:
Fisica 215a 14-16 - "Il primo motore fa in modo che anche l'aria o l'acqua o altro di tal genere provochino un movimento." - ivi 26 7a 2 -

E ancora per tutto il medio evo, a parte qualche caso isolato come Filopono e Buridano (secondo l'analisi di Clagett, 1959 cap. 8), il concetto dell'antiperistasi è egemone nella fisica più evoluta. Per non fare che qualche esempio, scienziati come Averroé *(Aristotele opera cum Averrocis commentatiis:* libro IV della *Physica* e libro III del *De caelo* - SBMS 44 e 45), Tommaso d'Aquino *(Commentarii alla fisica di Aristotele:* letture 7 e 8 del libro VIII - SBMS 46), Alberto di Sassonia *(Questiones et decisiones physicales insignum virorum* IV.9 - SBMS 47) e chissà quanti altri, pur discutendo sulle specifiche modalità secondo cui il fenomeno si presenta, non accennano a mettere in dubbio la realtà fondamentale, che appare loro del tutto ovvia e naturale, e cioè che il proietto, muovendo l'aria (o l'acqua), viene mosso a sua volta da questa.

La puerilità dell'animismo precausale arriva del resto fino ad una delle più autonome intelligenze del nostro rinascimento poiché, ancora secondo Leonardo:

"La forza è causa del moto, e 'l moto è causa della forza. - Leonardo *(Codice Atlantico* 34v) citato in Somenzi, 1954 p. 149-

Del resto, anche nel caso della descrizione-spiegazione del movimento, non manca l'occasione in cui vien fatto di chiedersi se sia maggiormente precausale il pensiero infantile o quello di uno dei più grandi astronomi e matematici del suo tempo.

Car (4 1/2) durante un colloquio, toglie dalla tasca una trottola e dice: *"Quando questa fa vento, il vento la fa girare.* - Questa fa vento? - *Sì.* - Da dove viene? - *Da questa* (dalla trottola)." - CF p. 20 -

"Il fanciullo prende la trottola, che è morta, e cioè giace priva di movimento, e desidera farla vivere ... , il fanciullo la fa muovere di moto rotatorio, così come si muove il cielo. Lo spirito del movimento, evocato dal fanciullo, esiste nella trottola ed è invisibile; esso rimane nella trottola per un tempo maggiore o minore a seconda della forza dell'impressione grazie alla quale questa virtù è stata comunicata; non appena lo spirito cessa di animare la trottola, essa cade." - Nicola Cusano *(Dialogorum de ludo globi,* libro I) citato in Jammer, 1957 p. 85-

11. *Ancora* i *pensieri*

Qualche pagina addietro (al punto 7) ho lasciato da parte l'analiSi di alcune rappresentazioni infantili del pensiero, introdotte da Piaget nella trattazione del realismo (al suo secondo e terzo stadio), poiché mi è sembrato più utile affrontarle nei loro prevalenti contenuti animistici. E' venuto quindi il momento di occuparsene.

La concezione infantile del pensare è realista-animista, secondo Piaget, in quanto testimonia di una scarsa capacità a separare il Sé dalle cose. "Nel caso del pensiero, questa confusione fra interno ed esterno da luogo negli stadi primitivi a credenze paradossali, come quella 'secondo cui il pensiero è un soffio situato insieme nella testa e fuori" (RM p. 125).

70

Eccone un esempio, che Piaget giudica spontaneo a parte il riferimento alla "piccola palla nella fronte" che sarebbe invece acquisito dal contatto con gli adulti.

Falq (7; 3): "Dov'è la memoria? - *Qui dentro* (indica la fronte). Che cosa c'è lì? - *Una piccola palla*. - E che cosa c'è dentro? - *Il pensiero*. - Che cosa si vedrebbe se si guardasse? - *Del fumo*. - Da dove viene? - *Dalla testa*" "Da dove viene questo fumo? - *Dal pensiero*. - Il pensiero è fumo? - *Sì*." "Perché il pensiero si trova nella piccola palla? - *E' un po' di vento e di fumo che c'è entrato*. - Da dove? - *Il vento da fuori e il fumo dal camino*. - Il vento è vivo? - *No, perché è vento, e quando si pensa a qualcosa, entra nella palla. Quando si è pensato a qualcosa, il pensiero viene col vento e col fumo*." "In c.he modo? - *Il pensiero attira il vento e il fumo, e si mescolano*." "Che cos'è il fumo? - *Un soffio*. - E il vento? - *Anche*." "C'è il soffio in te? - *No ... sì, quando si respira*. - Quando si respira, che cos'è che entra ed esce? - *Il vento*. - Si fa vento quando si respira? - *Sì*. - E anche fumo? - *No ... sì, del vapore*." - RM p. 56-

Di testimonianze profondamente convinte dell'esistenza di questo soffio, meglio noto come *pneuma* e ben distinto *dall'aria*, è piena tutta la cultura della Grecia classica, che anzi colloca non di rado tale importante concetto del soffio-respiro-anima-forza al centro del dibattito naturalistico. Ne riferisco, come esempi tra molti altri, qualche caso relativo ai presocratici. Tale concezione è presente, in accenno, anche nella Scrittura.

"La dottrina contenuta nei così detti Versi Orfici; essa asserisce, infatti, che l'anima portata dai venti penetra dal Tutto negli esseri che aspirano" - Aristotele: Anima I 410b, 27 -

"Zenone di Cizio e Antipatro nelle loro opere *Sull'anima* e Posidonio definiscono l'anima un soffio caldo, che ci consente di respirare e di muoverci" - VF VII II, 157 -

"Allora il Signore Iddio formò l'uomo dalla polvere della terra e alitò nelle sue narici un soffio vitale, e l'uomo divenne un essere vivente.". - Genesi 1,7 -

Se si considera che il termine 'animato' significa anche 'dotato di anima', o di forza, o essere vivente, si coglie immediatamente il peso che una dottrina realista del soffio e del pensiero può avere nel determinare tutta una visione del mondo. Certo è che i fanciulli di Piaget si esprimono con parole che non sembrano facilmente distinguibili dalle convinzioni di selvaggi come Eraclito, Democrito o Diogene di Apollonia.

Rou (7 1/2): "Si può vedere il pensiero? - *Sì.* - Come? - *Davanti a noi.* " Dove? Così (a 50 cm) o laggiù? - *Non importa dove. Il vento fa muovere le erbe e si vedono muoversi. E' questo il pensiero.* " - RM p. 52-

Brun (11; 11. Tardo e lento di spirito): "Il pensiero ha forza?- No, *perché non è vivo.* - Perché non è vivo? - *Perché è aria.* - Dov'è il pensiero? *Nell'aria, fuori.*" - RM p. 52 -

"Poiché, secondo Eraclito, assorbiamo con la respirazione questa ragione divina, noi diventiamo intelligenti." - Sesto Empirico *(Adversus mathematicos* VII 129) PS 22.A.16-

"Democrito dice che dalla respirazione viene una importante conseguenza pe! respirante (...) nell'aria, infatti, c'è gran numero di quegli atomi che egli chiama intelletto e anima". - Aristotele *(De respiratione* 4.471b, 30) PS 68.A.106-

Diogene di Apollonia: "Gli uomini e le altre cose vivono respirando l'aria. Essa è per loro anima e pensiero." - (frammento in: Simplicio, *Physica* 151,28.4) Ps 64.B.4-

12. Corpi celesti

La dimensione adulta dell'animismo può venire ritrovata anche a proposito di un altro tema, che Piaget affronta solo lateralmente ma che percorre buona parte della fisica classica. Si tratta cioè dell'attribuzione o meno della vita (o della forza o dell'anima) ai corpi celesti. Tale problema è imparentato con quello dell'attribuzione di caratteri antropomorfi alle cose inanimate ma anche, in qualche modo, con l'artificialismo che tende ad interpretare il mondo come costruito secondo una prospettiva umana.

In molti dei protocolli piagetiani vengono presentate delle risposte che implicano, e talora dichiarano apertamente, il carattere antropomorfico dei corpi celesti. Avviene cioè che non pochi fanciulli "considerano il sole come più o meno identico al buon Dio" (RM p. 277) ovvero ritengono che "il sole è vivo, cosciente, intenzionato" (ivi). Tale ipotesi è del resto attinente a quell'animismo indifferenziato che (come abbiamo visto ai punti 9 e 10) colora di sé tanto il pensiero infantile quanto le culture selvagge.

La concezione più o meno divina, o antropomorfica, degli astri è diffusa ampiamente nelle culture primitive ed ancora nella sapienza egiziana antica, pure così attenta alla ricerca astronomica in senso moderno. In essa, infatti, "il sole, la luna e alcune stelle principali (Sirio, Orione, ecc.) sono divinizzati, e i loro casi - levate, tramonti, scomparse, totali e parziali - sono riconoscibili in miti di carattere uranio" (Donadoni, 1958 p. 48).

In epoca Greca la cosmologia animista è sostenuta, tra gli altri, da Talete, Anassimandro ed Alcmeone, mentre è significativo come Aristotele, che pure per molti versi è precausale anche lui oltre che impregnato di una logica infantile (almeno secondo i canoni piagetiani), ribalta l'accusa riferendo questo tipo di precausalità agli autori primitivi rispetto a lui.

"Talete affermò che dio è la mente del mondo e che il tutto è animato e insieme pieno di divinità." - Aezio (I 7, 12) PS 12.A.17
-

"Alcmeone credeva che gli astri fossero dei, perché animati." - Clemente Alessandrino *(Protrepticus* 5, 66) PS 24.A.12-

"Gli antichi, sembra, credevano che il corpo in eterno movimento fosse anche di divina natura." - Aristotele: Meteorologica 339b, 26 -

La negazione del carattere divino (animistico-artificialistico) delle sfere celesti poteva addirittura essere pericolosa da professare (in quanto contraria al senso comune) nella Grecia classica, come ci ricordano Gioseffo e Plutarco a proposito di Anassagora.

"Anassagora era di Clazomene, ma poiché affermò che il sole era una pietra infocata, mentre gli Ateniesi lo riguardavano dio, lo condannarono a morte per pochi voti." - Gioseffo *(Contra Apionem* II 265) PS 59.A.19-

"Il primo che pose in scritto nel modo più chiaro di tutti e più audace la teoria sulle fasi lunari fu Anassagora. Ma lui non aveva l'autorità che viene dall'età e la sua teoria non era divulgata ma segreta e circolava tra poche persone e con un certo timore più che con credito. In realtà, non li tolleravano allora i naturalisti o ciarlatani di cose celesti, come li chiamavano, perché riducevano il divino a cause irrazionali, a forze improvvidenti, a fenomeni inevitabili." - Plutarco *(Nicias* 23) Ps 59.A.18-

Anche nell'opera di Thorndike vengono riferiti molti esempi di attribuzione della vita ad oggetti piagetianamente inanimati, da par-

73

te dei più diversi scienziati di tutti i tempi. Un caso interessante, tra mille altri, è quello di Filone Giudeo *(De mundi opificio* c. 18, 50 e 24) il quale "distingue tra le stelle, gli uomini e gli altri animali nel modo seguente. Le bestie non sono capaci di alcuna virtù né di alcun vizio; gli esseri umani sono capaci di entrambi; le stelle sono animali intelligenti, ma incapaci di qualsiasi peccato e completamente virtuose" (HMES v. 1 p. 353).

La tonalità animistica del mondo intorno a noi era poi ben presente al pensiero medievale, cui sarebbe risultata inverosimile l'idea di uno spirito (la forza) che muove le cose senza essere animato. E questo perché:

> "Il mondo è animato: e invero non si trova una sostanza animata senza anima." - Bemardo Silvestre *(De mundi universitate* I, 4) PM p. 170-171 -

Secondo i dati sperimentali di Laurendeau e Pinard (1962) sul finire della precausalità si instaura un criterio essenziale per decidere della presenza o meno della vita in un fenomeno (criterio che gli autori sostengono essere più discriminante del movimento o dell'utilità) il quale invece è stato poco considerato dall'analisi di Piaget, che vi accenna solo incidentalmente. In base a tale criterio, avvicinabile al "moto e atto percettivo" che abbiamo visto indicato da Aristotele (Anima I 403b 26-27) come necessario alla definizione dell'essere animato: "per molti bambini vivere significa possedere alcuni attributi riconoscibili nell'uomo o nell'animale. Così, per essere vivo, occorre poter *parlare, mangiare, vedere, respirare, avere un corpo e un 'anima, avere un 'intelligenza,* ecc." (Laurendeau e Pinard, 1962 p. 117). In altre parole: l'assenza di caratteri zoomorfici in un oggetto permette di stabilire che esso è inanimato.

Ma la fisica greca, a questo proposito, risulta (se possibile) ancora più puerile degli stessi bambini, poiché la precausalità animistica è talmente connaturata alla sua visione del mondo che rovescia il criterio infantile e, invece di stabilire che gli astri sono inanimati perché, se pure mobili, mancano di intelligenza e non si alimentano, decide che, poiché essi sono così evidentemente animati, non potranno non essere dotati di tali funzioni strettamente animali. La fiducia nella natura antropomorfa dei pianeti permette così di attribuire loro delle qualità che caratterizzano obiettivamente gli esseri viventi. I bambini, una volta chiarito che per stabilire la vitalità di un oggetto occorre dimostrarvi la presenza di certi attributi biologici, decidono di negare tali attributi alle cose poiché, crescendo, invece che al criterio del movimento "ricorrono piuttosto a caratteri antropomorfici per rifiutare la vita agli oggetti inerti ma mobili" (Laurendeau e Pinard, 1962 p. 118). l fisici greci e medievali, invece, attribuiscono imperterriti tale carattere antropomorfico anche agli oggetti più evidentemente e logicamente (secondo Piaget) inanimati.

"Che il cosmo sia un essere vivente e razionale e animato e intelligente è sostenuto da Crisippo nel primo libro *Della provvidenza,* da Apollonio nella *Fisica* e da Posidonio: essere vivente nel senso che il cosmo è una sostanza animata, che ha la facoltà della percezione sensibile." - VF VII I, 142-143-

"Altri pensano che il sole sia Zeus ... e i vapori siano l'ambrosia di cui il sole si nutre, opinione seguita anche da Democrito." - Eustazio *(In Homeri Odysseam* XII 62 p. 1712) PS 68.A.87a-

"Il sole, che è massa ignea fornita di intelletto, si nutre dal grande oceano; la luna, che è mista di aria ed è vicina alla terra, attinge il suo nutrimento dalle acque potabili, come sostiene Posidonio nel sesto libro della *Fisica;* gli altri astri si nutrono dalla terra." - VF VII I, 145 -

"Come infatti le stelle potrebbero muoversi nel loro irrequieto corso, se non si fossero nutrite dell'etereo alimento infuocato?" - Bernardo Silvestre *(De mundi universitate* 1.4) PM p. 169 -

"Gli animali superiori (intendo le stelle fisse) ... " - Adelardo di Bath *(Quaestiones naturales* LXXII p. 64) CM p. 117-

Anche i bambini (come vedremo meglio al punto 13) esprimono In effetti uno stretto legame tra gli astri e le evaporazioni iperuranie ma, secondo una logica forse più rigorosa di quella dei fisici classici, parlano di un rapporto di causa-effetto, cioè di nubi che producono le stelle, e non antropomorfizzano tale connessione sotto forma di rapporto alimentare. Una simile impostazione è tuttavia presente anche in alcuni fisici.

Giamb (8 1/2): "Com'è la luna? - *Gialla.* - Di che cos'è - *Di nuvola"* - RM p. 280-

Aud (9; 8): "Di che cos'è, il sole? – *Di nubi."* - RM p. 282-

Senofane: "Dichiara (...) che tutto deriva dalla terra; che il sole e gli astri si formano dalle nuvole." - Plutarco *(Stromata* 4) PS 21.A.32-

E' infine particolarmente significativo un esempio riportato dallo stesso Piaget, che dimostrerebbe la capacità del bambino di elaborare secondo categorie mentali autonome anche le idee impostegli dagli adulti. Nel caso specifico: l'ipotesi puerile si baserebbe su di una "credenza artificialistica provocata dall'insegnamento religioso" (RM p. 276). E' però straordinario come la risposta del bambino non fa altro (nel trasformare in termini infantili le parole adulte, secondo la spiegazione di Piaget) che proporre un atteggiamento il quale è stato, ed è, un cardine fondamentale di intere raffinate culture, come quella egiziana antica o quella Maya o quelle selvagge contemporanee in genere (ma anche di una parte della tradizione orientale). Il lungo "caso notevole" si conclude così:

Gava (8 1/2): "Se parliamo al sole, ci sente? - *Sì*", *quando lo si prega.* - Tu lo preghi? - *Sì*". - Chi ti ha insegnato a pregare il sole? - *Alla scuola della domenica; mi hanno detto che bisogna sempre pregare il sole."* - RM p. 276 -

Capitolo 4

TUTTO SCORRE

13. Trasformazioni

Per quanto attiene alla dinamica dei corpi celesti ed alla meteorologia, le ipotesi del fanciullo si avvicinano straordinariamente alle valutazioni dei fisici greci e medioevali. Mano a mano che ci si allontana dai temi più astratti (cioè strettamente condizionati dalla tradizione culturale) come il concetto di forza o di vita per avvicinarsi a realtà fenomeniche precise, la capacità di descrizione-spiegazione del bambino e quella dell'adulto si confondono sempre di più.

I protocolli di Piaget propongono continuamente delle descrizioni dei fatti naturali in termini di trasformazione della materia che successivamente passa da uno stato all'altro. Vi è una certa preferenza, da parte dei bambini, per una fisica basata sull'evoluzione dell'etere come elemento primo indifferenziato, sia nei termini di una trasformazione del soffio vitale (di cui si è già visto al punto II) sia, più particolarmente, come 'riproposta' dalla teoria di Anassimene secondo cui il principio di tutte le cose è l'aria. L'ipotesi di Anassimene a sua volta, analogamente all'ilozoismo infantile, si sviluppa attorno ad un concetto di aria che è al contempo fisico e spirituale.

> Anassimene: "Come l'anima nostra, che è aria, ci tiene insieme, così il soffio e l'aria abbracciano. tutto il mondo" - (Aezio I 3, 4) PS 13.B.2 -

La continua trasformazione di una cosa nell'altra, che caratterizza il pensiero infantile, si avvicina ancora meglio ad una delle più diffuse convinzioni della fisica greca, quale viene sintetizzata ad esempio da Aristotele, secondo cui sono tutti d'accordo nel sostenere che

77

"Ci dev'essere una qualche sostanza, o una o più di una, da cui le altre cose vengono all'esistenza, mentre essa permane. Ma riguardo al numero e alla forma di tale principio non dicono tutti lo stesso" Aristotele (Metafisica XIII 983 b 17) PS II.A.12 -

Tra i molti casi in cui tale concezione viene espressa, il bambino si rifà di volta in volta all'aria (la preferita) oppure al fuoco, alla terra, all'acqua. Anassimene privilegia anch'egli l'aria, mentre Aristotele mette assieme tutte e quattro le componenti, nei termini di una reciproca riduzione dell'una all'altra.

Sut (6; 7): "Da dove viene l'aria che è nella stanza? - *Da fuori.* - E l'aria di fuori? - *Dal lago.* - Che cos'è che fa l'aria, fuori? - *E' l'acqua.* Come? - *E' l'acqua che la forma.* - Come? - *Perché l'acqua è un po' fredda.* - Come succede questo? - *Perché lei* (l'acqua) *si forma d'aria."* - CF p. 41 -

Anassimene: "L'aspetto dell'aria è questo: quand'è tutta uniforme, sfugge alla vista, mentre si mostra col freddo e il caldo, con l'umido e il movimento. E si muove sempre perché, se non si muovesse, tutto quel che si trasforma non si trasformerebbe. Condensata e rarefatta appare in forme differenti: quando si dilata fino ad essere molto leggera diventa fuoco, mentre poi condensandosi diviene vento: dall'aria si producono le nuvole per condensazione e se la condensazione cresce, l'acqua, se cresce ancora, la terra, all'ultimo grado le pietre." - Ippolito *(Refutatio contra omnes haereses* 17,2-3) PS 13.A.7-

"Noi affermiamo dunque che il fuoco, l'aria, l'acqua e la terra si generano l'uno dall'altro, e che ognuno di essi in potenza si trova nell'altro." - Aristotele: Meteorologica l 339a 35-339b 3 -

Giamb (8 1/2): "In che modo le nubi rendono luminoso il sole? - *"E' il fumo che fa splendere, perché nel fumo c'è del fuoco."* - RM p.280-

"Infatti quando il freddo dell'acqua e il secco del fuoco si saranno corrotti ci sarà l'aria (...) ma quando si saranno corrotti il caldo del fuoco e l'umido dell'acqua, ci sarà la terra (...) Quando in effetti il caldo dell'aria e il secco della terra saranno venuti a mancare, si avrà l'acqua (...) ma quando l'umido dell'aria e il freddo della terra saranno venuti a mancare, ci sarà il fuoco (...) La generazione del fuoco è confermata anche dalla sensazione: la fiamma infatti è il fuoco nel senso più pieno, ma essa è fumo che brucia, e il fumo è fatto d'aria e di terra" - Aristotele: Generazione II 331b 10-25-

Questa tendenza ad interpretare i caratteri particolari del mondo come derivati dalle trasformazioni di elementi più o meno inter-scambiabili (senza che se ne specifichi chiaramente il 'come') continua ad essere presente almeno per tutto il medioevo, in assenza delle teorie prodotte dalla chimica post-seicentesca. Un esempio tra mille:

> "Il fuoco appesantito diventa aria, l'aria diviene acqua e l'acqua si condensa in terra; e di nuovo, per un processo di espansione, la terra si diluisce in acqua, l'acqua si assottiglia nell'aria, l'aria si trasforma in fuoco." - Pseudo Beda *(De mundi coelestis terrestrisque constitutione liber* coll. 882) CM p. 160 -

A parte questa somiglianza strutturale tra la fisica greco-medie-vale e quella infantile, vi sono anche molti punti di contatto più spe-cifici, relativi alla descrizione-spiegazione di singoli fenomeni. Ne mostrerò dunque un certo numero, che potrebbe venire facilmente aumentato.

Le nubi, secondo i fanciulli, risultano formate dall'aria e dalla sua concentrazione. La tesi è sostenuta ad esempio da Metrodoro di Chio, il quale esprime anche una sequenza di trasformazioni del sole e dell'acqua che ritroveremo più avanti a proposito della pioggia e della notte.

> Chev (8; 2): "Che cosa sono le nubi? - *Aria.* - Da dove vengono? - *Da dietro la montagna. Si formano dietro la montagna.* - Spiegami come. - *Con molta aria. L'aria si me tte insieme e poi sale."* - RM p. 309 -

> Per Metrodoro di Chio: "L'aria, condensandosi, produce le nubi e poi la pioggia, la quale, cadendo sul sole, lo spegne; e lo riaccende poi rarefacendosi. Poi, col tempo, il sole si solidifica per l'asciutto e mediante l'elemento luminoso dell'acqua da origine alle stelle; e con lo spegnersi ed accendersi produce la notte e il giorno come pure generalmente le eclissi." - Plutarco *(Stromata* II) PS 70.A.4 -

L'aria, sotto forma di vento, è direttamente collegata al movi-mento degli astri. Il legame tra i due fenomeni è di coincidenza, senza che vi sia un preciso rapporto di causa ed effetto, in quanto si tratta di due facce della stessa medaglia. Tale convinzione è radicata in molte culture antiche. Mason, ad esempio, ci ricorda che "la maggior parte degli astronomi indù sosteneva che ciascuno dei corpi del sistema solare possedesse un movimento suo proprio, prodotto da un vento, mentre in aggiunta a ciò v'era un vasto vortice aereo che trascinava tutti i corpi celesti attorno alla terra" (Mason, 1956-1962 p. 88). Pareri simili vengono espressi anche da pensatori più recenti.

Fert (10; 2) ci dice che è l'aria che fa avanzare il sole e la luna "Che cos'è che fa avanzare le nuvole? - *E' anche l'aria.*" - CF p. 39 -

Anassagora: "Il sole e la luna compiono le loro rivoluzioni spinti dall'aria" - Ippolito *(Refutatio contra omnes haereses* I 8, 9) PS 59.A. 42 -

Mart (9; 5): *"Il vento spinge il sole. -* E quando non c'è vento, il sole va avanti? - *Sì".* - Che cos'è allora che lo fa andare avanti? - *L'aria.*" - CF p. 72-

"Tutto lo spazio che sta tra terra e cielo è pieno di soffio (...) Anche il cammino del sole, della luna e degli astri si effettua mediante il soffio" - Ippocrate *(De flatibus* 3 p. 92) PS 64.C.2 -

"Anassimandro sostiene che le stelle compiono i loro rivolgimenti spinte dalla resistenza dell'aria condensata" - Aezio (II 20, 2) PS 13.A.15 -

I pianeti originano il vento anche secondo dei meccanismi più o-biettivi, come ritiene Plinio, secondo cui tutti i venti

"sono causati dal· continuo movimento della terra e dal movimento contrario degli astri" - Plinio: Storia naturale II XLIV, 116 -

Le cose del cielo, gli astri e il vento, sono aria ma anche acqua. Nelle interviste di Piaget, durante il secondo stadio della precausalità infantile, le nubi e il vapore sono mescolanza di tali due elementi. Questa frammistione, e parziale indifferenziazione, dell'elemento etereo e di quello umido si può ritrovare, tra l'altro, presso Anassimandro e Anassimene.

Bras (8 anni): Il vento viene dalle nuvole. "Come? - *Nelle nuvole c'è dell'aria. -* Che cos'è che la fa? - *E' l'acqua.* - CF p. 42 -

Cen (8; 6): le nubi sono *"di vapore",* cioè *"è l'aria che ha dell'acqua."* - RMp.319-

"Anassimene, figlio di Euristrato, milesio, fu amico di Anassimandro. Anch'egli dice che una è la sostanza che fa da sostrato e infinito, come l'altro, ma non indeterminata come quello, bensì determinata - la chiama aria. L'aria differisce nelle sostanze per rarefazione e condensazione. Attenuandosi diventa fuoco, condensandosi vento, e poi nuvola,· e, crescendo la condensazione, acqua e poi terra e poi pietre e il resto, poi, da queste." - Simplicio *(Physica* 24, 26) PS 13.A.5 -

Bard (9 anni): "L'aria da dove viene? - *Dal cielo,* - Come? - *Sono le nuvole.* - Come? - *E' dell'acqua che evapora"* - CF p. 42 -

Da questa emulsione, un po' gassosa e un po' solida, possono derivare anche i pianeti; il che viene sostenuto da alcuni bambini come da Senofane.

Chal (9; 5): "Com'è cominciato il sole? - *Prima era piccolo, poi è diventato grande.* - Da dove veniva questo piccolo sole? - *Devono essere state le nubi a formarlo.- Di che* cosa è il sole? - *Di aria."* - RM p. 282 -

Senofane: "dichiara anche (...) che tutto deriva dalla terra; che il sole e gli astri si formano dalle nuvole." - Plutarco *(Stromata* 4) PS 21.A. 32 -

Altri ritengono che nel sole prevalga l'elemento terreo, forse a causa dell'apparente compattezza e del legame con il fuoco. Anche questa ipotesi è molto vicina alla dottrina di Anassimene.

Jean (8; 6): "Com'è cominciato il sole? - *Con una palla di fuoco.* - Da dove veniva? - *Dalla terra.* - In che modo? - *E' evaporata.* - Da dove. proveniva? - *Dalla terra."* - RM p. 283 -

Anassimene: "Egli sostiene che, solidificandosi l'aria, per prima si forma la terra (...) il sole, la luna e le altre stelle hanno il principio della nascita dalla terra. Afferma infatti che il sole è terra, la quale per la rapidità del movimento si è molto infocata ed è diventata incandescente." - Plutarco *(Stromata* 3) PS 13.A.6-

La luminosità ed il tepore solari spingono invece altri a sottolineare, nella formazione del sole, il peso del fuoco e del calore in genere. Qualcuno, specie con riferimento alla luna che sembra meno calda del sole, torna a far comparire l'aria.

Fran (9 anni): "Com'è cominciato il sole? - *Col calore.* - Che calore?*Del fuoco.* - Dov'era il fuoco? - *In cielo."* - RM p. 271 -

"Ed in verità non solo il sole, ma anche tutte le altre stelle e parimenti tutto il cielo, cioè l'intero ente che si trova tra la terra e il mare e le stelle e fra le stesse stelle (...) sembra che siano costituiti dalla stessa natura da cui è costituito il sole, cioè il caldo." - Tele sia: Rerum natura 13,20·29·

Nor (10 anni): "Di che cosa è fatto il sole? - *Di fiamma.* - Da dove vengono queste fiamme? - *Dal sole.* - Come sono cominciate? C'è qualcosa che le ha fatte? - Si *sono fatte da sole.* - Come? *-Perché fa* *caldo.* - Com'è cominciato? - *Esso* (il sole) si *è fatto di fiamma, di fuoco.* - Come? - *Perché faceva caldo.* - Dove? - *In cielo.* - Perché faceva caldo? - *Era l'aria."* Il sole è quindi il prodotto di un'incandescenza dell'aria. Parimenti, la luna è *"di aria."* - RM p. 281 -

Parmenide: "Sono esalazioni del fuoco il sole e la via lattea; un misto dell'una e dell'altra, cioè dell'aria e del fuoco, è la luna. - Aezio (Il 7, l) PS 28.A.37-

Anche il cielo nel suo complesso viene definito dai bambini, durante il primo stadio della precausalità, come un oggetto concreto e tangibile; tale concezione viene allargata agli elementi che lo compongono, quali ad esempio le nuvole. "I più piccini (3-4 anni) dicono ordinariamente che il cielo è di 'azzurro', in seguito l'azzurro diventa pietra, terra, vetro, aria, nubi. Ma, durante il primo stadio, il cielo è quasi sempre concepito come solido" (RM p. 294). Piaget ne riporta numerose testimonianze.

Gal (5 anni): il cielo è *"di pietra"* - RM p. 293 -

Gril (7 anni): "Da dove vengono le nuvole? - *Dal cielo.* - Di che cosa sono fatte? - *Di pietra."* - RM p. 304 -

Bar (9; 5): *"E' fatto di grosse pietre. Di grossi blocchi di pietre."* - RM p. 293-

Gava (8 1/2): "E' duro il cielo? - *E' còme una specie di terra.* - Il sole è sopra o sotto il cielo? - *Lui corre per tutto il cielo come se fosse incollato contro il cielo, poi viaggia."* - CF p. 92-

Tale convinzione, della rigida solidità della volta celeste, è talmente diffusa presso i primitivi, anche in forme più precausali di quelle infantili, che diventa arduo scegliere fra tanti esempi. Come ricorda Mason: "in un primo tempo i Mesopotamici immaginavano che la terra e il cielo fossero due dischi piatti galleggianti sull'acqua, sebbene più tardi il cielo sia stato concepito come una volta emisferica appoggiata sulle acque che circondavano il disco piatto della terra." (Mason, 1956-1962 p. 14). Anche secondo Levy-Bruhl "nelle rappresentazioni della maggior parte dei primitivi, la volta celeste poggia come una campana sulla superficie piatta della terra o dell'oceano" (Levy-Bruhl, 1922 p. 439). Né mancano esempi greco-classici.

"Empedocle dice che il cielo è solido, derivato dall'aria condensata come un cristallo a causa del' fuoco" - Aezio (Il 11, 2) PS 31.A.51 -

Connesso alla convinzione della solidità del cielo, è il timore che

82

questo possa cadere sulla nostra testa. Tale preoccupazione era molto diffusa nell'antichità, e dava luogo ad ipotesi di carattere precausale specie secondo criteri artificialistici. Sostiene ad esempio Fontenelle che "i Galli temevano anticamente che il cielo cadesse su loro e li schiacciasse" (Fontenelle, 1686 p. 125). Secondo gli Egiziani antichi "sulla terra si inarca il cielo, come una volta, ora immaginata metallica, più spesso liquida (...) Come il cielo non caschi sulla terra è spiegato in vario modo: o è sorretto da quattro pilastri ai quattro punti cardinali, o da montagne a oriente e ad occidente, o da esseri mitologici" (Donadoni, 1958 p. 47-48).

Presso i bambini, ed una parte della fisica greca e medievale, questo fenomeno di lievitazione dei corpi pesanti viene spiegato nei termini della meccanica elementare.

Weux (8 anni): "Perché non cade la luna? - *Perché il vento la trasporta.*" . CF p. 93 .

Bar (9 anni) ne nuvole non cadono) *"Perché sono tenute su bene. - Ma perché non cadono sulla testa? - Perché se cadessero, bene, allora si morirebbe. " "Qualcosa impedisce loro di cadere. - Che cosa? - Dei grossi blocchi di pietre."* (Bar considera il cielo come formato da una volta di pietre) - CF p. 88·

"Anassagora dichiarò che tutto il cielo è fatto di pietre: esso si mantiene in coesione fin quando il movimento di rotazione è veloce: sarebbe precipitato appena si fosse rilasciato" - VF 2 In, 12 .

Brun (11; 11): Gli astri non cadono *"Perché vanno in fretta."* - CF p. 93 -

"Le stelle sono infisse nel firmamento e non cadono in basso a causa della grande velocità del movimento celeste." . Onorio di Autun *(De imagine mundi libri III* I, LXXXIX, coll. 141-142) CM p. 174 -

La continuità tra il pensiero infantile sugli astri ed una parte della razionalità adulta,. ma limitatamente al caso della Grecia antica, è accennata persino da Piaget che tuttavia, come in altre occasioni, non va al di là di un semplice quanto vago parallelismo privo di implicazioni. Secondo l'Autore, per quanto concerne il fanciullo, "tutti questi casi testimoniano uno sforzo notevole di spiegare gli astri attraverso la condensazione dell'aria o delle nubi, e attraverso l'accensione spontanea di questi corpi condensati. Essendo tutte queste risposte costanti, è chiara l'analogia di queste rappresentazioni con le teorie dei pensatori presocratici" (RM p. 282).

Anche qui, però, Piaget non vuole confondere la ragione adulta con il pensiero precausale, benché questo venga sviluppato da uomini di genio. E' significativo però come questi suoi pudori riecheggino altre prese di distanza che, secondo una scena simile ma con i ruoli parzialmente invertiti, si è già svolta in altri momenti della scienza.

Così: quando Piaget rimane stupito della convinzione di Roy (6 1/2) secondo cui, analogamente alla luna ed al sole, "noi siamo pieni d'aria ,perché l'aria ci fa ingrassare" (CF p. 41) sembra di udire le scandalizzate parole di Galeno:

"Né dico, come Anassimene, che l'uomo è completamente aria."
- Galeno *(In Hippocratis de natura homini* XV 25) - PS 13.A.22-

Così: quando Piaget colloca ai primi stadi dell 'artificialismo la convinzione che il cielo sia una superficie solida, sembra di riconoscere la stessa emozionata perplessità di Lattanzio:

"Forse che se qualcuno mi dirà che il cielo è bronzeo o vitreo o, come dice Empedocle, di aria ghiacciata, io gli crederò immediatamente?" Lattanzio *(De opificio dei* 17, 6) PS 31.A.51 -

14. Fasi astrali

La visione del mondo come trasformazione continua e movimento, che caratterizza il pensiero infantile, si presta ad ulteriori parallelismi con le convinzioni di buona parte della fisica almeno fino al rinascimento. Un caso particolare riguarda le fasi del sole e della luna.

In un primo stadio, similmente all'idea di Boezio secondo cui è Dio che "diede i corni alla luna" (Boezio: Consolazioni III 6, 22), alcuni bambini pensano all'intervento artificialistico di entità superiori che controllano le modificazioni lunari oppure, con analoga frequenza, antropomorfizzano la luna come se nascesse e poi morisse. Questa idea, legata alle ipotesi testé affrontate relative al fatto che gli astri sono prodotti dall'aria e dall'acqua, viene espressa ad esempio da Lucrezio come la spiegazione più verosimile tra molte al tre. Nella fisica greca è presente invece sotto forma di convinzione che il sole e la luna si accendano e si spengano, come propongono anche Epicuro

E Senofane, ovvero nascano e muoiano ogni giorno, come ipotizza ancora Lucrezio.

Hub (6 1/2): "La luna è sempre rotonda? - *No*. - Com'è? - *A mezzaluna. E' molto consumata*. - Perché? -*Perché ha illuminato*. - Come ridiventa tonda? - *Perché la rifanno* - Come? - *Col cielo*. - RM p. 286 -

Roy (6 anni): a proposito dei quarti della luna *"Essa è divenuta intera*. - Perché? - *Perché sboccia*. - In che modo sboccia? - *Perché cresce*. - Come? - *Perché noi cresciamo*. - Chi la fa crescere? - *Le nubi*. - Come fanno? - *L'aiutano a crescere*. - RM p. 264-

"Il sorgere e il tramontare del sole e della luna e degli altri astri possono verificarsi per accensione e spegnimento" - Epicuro: Pitocle 92 -

"Senofane (disse che gli astri si formano) da nuvole infuocate e che spegnendosi ogni giorno si riaccendono di notte come carboni, perché il levarsi e tramontare è un accendersi e spegnersi" - Aezio (Il 13, 14) PS 21.A.38 -

Purr (8; 8) "Ogni volta che ci sono i quarti, è sempre la stessa luna? *A volte è la stessa, a volte un'altra*. - Quante ce ne sono? - *Molte*." RM p. 269-

"Perché non potrebbe nascere ogni volta una luna nuova con una successione regolare di forme e fasi determinate? perché di giorno in giorno non potrebbero sparire ognuna a sua volta, nella misura della loro formazione, per essere sostituite da altre nuove? Sarebbe difficile portare una dimostrazione convincente del contrario, quando si vedono tante cose prodursi in un ordine così regolare" - Lucrezio: Natura V 731-736 -

Nel secondo stadio è frequente la tendenza a creare un collegamento tra la luna e le nubi, in quanto vi è una continua trasformazione dell'una nelle altre e viceversa. Questo assoluto parallelismo tra la luna ed una nuvola circolare veniva espresso anche da pensatori greci come Empedocle e Senofane.

Mart (9; 5): "Perché la luna è in quarti? - *Non c'è che la metà, è il vento che l'ha divisa*. - Perché? - *Non so*. - Dov'è l'altra metà? - *E' caduta sulla terra*. - Si può vederla? - *No, produce la pioggia*." (La luna essendo una nube, la sua trasformazione in pioggia, è ovvia) "E' la stessa luna che ridiventa tonda oppure un'altra? - *Sì* (la stessa). *Ricresce*. - Come? - *E' il vento che la fa ricrescere*." - RM p. 286-287 -

Gava (8 1/2): fa parte del secondo [stadio] per la spiegazione che dà dei quarti di luna. "*E' l'aria che l'ha formata*. - Com'è avvenuto? - *Forse sono delle nubi che non hanno potuto sciogliersi e poi hanno fatto un grosso cerchio."* - RM p. 280 -

"Empedocle disse che (la luna) è aria condensata, a forma di nuvola, resa compatta dal fuoco (...) a forma di disco." - Aezio (Il 25, 15) PS 31.A.60 -

"Senofane (dice che la luna) è una nuvola condensata." - Aezio (Il 25,4) PS 21.A.43 -

In un terzo stadio è frequente l'interpretazione secondo cui "il fenomeno dei quarti deriva sia da un moto rotatorio della luna, che dà l'illusione del sezionamento, sia dall'ostruzione provocata da una nube" (RM p. 287-288). Entrambe le ipotesi vengono avanzate da E-picuro; la prima è sostenuta da Eraclito; la seconda da Lucrezio quando si rifà alla dottrina dei Caldei.

Carp (8; 7): *"Sono le nubi che la nascondono. - E l'altra metà? - Dietro le nubi. - E' tagliata? - No, dietro le nubi.* - RM p. 288-

Ack (8; 7): *"A volte c'è la luna piena, a volte dei quarti.* - Come mai? Si *divide da sola.* - E il resto della luna? - *E' nascosto dalle nubi."* - RM p. 287-

"Il novilunio e il plenilunio potrebbero verificarsi per la rotazione della luna, o anche per le configurazioni che l'aria assume o per la frapposizione di altri corpi." - Epicuro: Pitocle 94-

Eraclito: "Il sole e la luna si eclissano quando le scafe sono volte verso l'alto; i mutamenti mensili della figura della luna (le fasi lunari) si verificano ogni volta che la scafa gira su se stessa a poco a poco" - VF IX I, 10-

"Forse c'è un altro corpo, trascinato da uno stesso movimento, che la segue nel suo cammino e, interponendosi fra lei e noi, l'eclissa in tutti i modi pur restando invisibile, perché nessuna luce segnala la sua corsa." - Lucrezio: Natura V, 717-719-

Anche la spiegazione delle stelle, peraltro affrontata incidental-mente nell'ambito del capitolo sull'origine degli astri (RM cap. VIII), offre ulteriori spunti alla continuità (attraverso i sec oli) del pensiero scientifico come ci testimoniano, oltre ai bambini di Ginevra, Anassi-mene, Senofane ed Apollonio.

Grang (7; 6): "Che cosa sono le stelle? - *Dei cerchi.* - Di che cosa? - *Di fuoco."* E' stato Dio a farle. - RM p. 173 -

"Anassimene riteneva che le stelle fossero conficcate a guisa di chiodi (nel cielo) che è simile a ghiaccio. Alcuni the fossero foglie

Di fuoco simili a pitture." - Aezio (Il 14,3) PS 13.A.14-

Tac (9.7): "Che cosa sono le stelle? - *Sono fuoco.* - Come? - *Sono piccole scintille che* si *sono messe insieme e hanno fatto la stella."* - RM p. 284-

Senofane dice: "Che il sole nasce ogni giorno dall'adunarsi di piccole scintille." - Ippolito *(Refutatio contra omnes haereses* I 14 p. 17, 12) PS 21.A.33-

"Quelli che da museo sono chiamati astri giustamente Apollonio li chiama 'scintillii' " - scoliasta *(in Apollonium Rhodium* IIII377) PS 2.B.19-

15. Venti

Un altro caso particolare è relativo alla descrizione del vento, tema che ha già fatto capolino al punto 13 relativo alle trasformazioni dell'aria e delle sostanze prime. Abbiamo già visto come in generale il vento, per il fanciullo-filosofo, si confonde con l'aria, il soffio, i pianeti, le nuvole, il vapore.

"Il tipo più frequente di spiegazione che caratterizza il primo livello è il tipo artificialista nel senso stretto del termine" (CF p. 34). Sarà bene ricordare che "l'età media di questo livello è di 5 anni e si trovano pochi bambini che vi appartengono ancora dopo i 7 anni" (CF p. 32). Ne riporto un solo esempio adulto, ma è facile credere che se ne potrebbero trovare altri mille sullo stesso tono.

Gaud (6 1/2): "In che modo si fa il vento? - *E' il buon Dio.* - Come? *Lui piega.* - Piega che cosa? - *Piega gli alberi."* - CF p. 34-

"A un tuo segno il mondo ringiovanisce, la foresta si increspa nella chioma di foglie." - Alano di Lilla *(Liber de planctu naturae* PL 210, 431-432) PM p. 243-

A parere di un certo numero di bambini del secondo livello precausale, con l'età media di "8 anni e 2 mesi" (CF p. 33) all'origine del vento c'è la polvere. Tale convinzione è abbastanza diffusa.

Wene (9 anni): "Perché avanza il sole? - *Perché il vento lo spinge.* - Da dove viene il vento? - *Dalla polvere.* - CF p. 37 -

Tacc (9 anni): [a proposito del cielo] *"E' aria, sono nubi.* - Di che cosa sono fatte le nubi? - *Di polvere.* - Da dove viene? - *Dalla terra.*

E' la polvere che sale."- RM p. 295-

La fisica presocratica forniva una spiegazione molto simile, benché talora con riferimento ad un pulviscolo non chiaramente definito. Ce ne danno testimonianza Democrito ed Epicuro.

> "Democrito dice che, quando si trovano raccolti in un ristretto spazio vuoto molti corpuscoli (che egli chiama atomi), ne segue il vento." - Seneca *(Naturales quaestiones* V 2) PS 68.A.93a -

> "I venti possono prodursi di tempo in tempo quando una materia estranea penetra nell'aria continuamente e gradualmente e per la raccolta di una grande quantità di acqua. I venti dunque si formano quando piccole quantità di materia cadono nelle numerose cavità della terra e di qui ampiamente si propagano." - Epicuro: Pitocle 106 -

La continuità tra le due impostazioni risulterà anche più chiara se si pensa che, in genere, per questi bambini "la polvere si mette da sola in movimento per produrre il vento" (CF p. 38). Anche qui il vento insorge allorché "l'aria è piena di soffio" (Aristotele: Meteorologica II 366b 6) e la polvere diventa una sorta di punto di riferimento concettuale per attribuire una realtà fisica al pneuma, alla tendenza potenziale verso il movimento.

> Cere (9 anni): "Di che cos'è il vento? - *Di polvere.* - Rimane fermo?- *Soffia."* -CF p. 37 -

> Grat (8 anni): "Da dove viene il vento? - *Dalla polvere.* - Come si fa il vento, nella polvere? - *Soffia.* - Ma da dove esce? - *Dalla polvere."* CF p.37-

> Anassimandro: "I venti sono prodotti da soffi leggerissimi che si staccano dall'aria e, raccoltisi, si mettono in movimento." - Ippolito *(Refutatio contra omnes haereses* 16,7) PS 12.A.ll -

L'ipotizzata precausalità di questa polvere risulta ancora meno sostenibile se si tiene conto di due fatti, che si dimostrano decisivi anche per comprendere meglio tutte le altre spiegazioni che il bambino fornisce a proposito delle trasformazioni degli elementi primi ed in particolare della loro capacità di condensarsi e rarefarsi continuamente e di passare dallo stato solido-terreo a quello liquido-acqueo a quello gassoso-aereo.

In primo luogo occorre ricordare che la teoria secondo cui il vento è prodotto da un pulviscolo estraneo era molto diffusa nella fisica classica, anche se ciò appare difficile da accettare per chi ha fatto l'abitudine al modello, attualmente assai diffuso, della corrente aerea. Infatti "Aristotele e gli scrittori classici successivi negavano in modo assoluto che i venti fossero aria in movimento, ma pensavano che fossero esalazioni secche emanate dalla terra" (Knowles Middleton, 1965 p. 9). Ciò deriva dalla difficoltà ad ammettere che l'aria possa mettersi in movimento da sola, ovvero ad attribuire a quell'apparente nulla che ci circonda il carattere di gas che solo la ricerca moderna ha voluto mettere in evidenza.

In secondo luogo, per essere più precisi, è bene avere presente che per la fisica aristotelica, come per molta di quella successiva, esistono diversi tipi di esalazioni, spesso e volentieri mescolate fra loro anche quando originano da un solo elemento. In particolare: esiste l'esalazione secca o vapore terreo, che è l'analogo dell'esalazione umida o vapore acqueo ma con riferimento all'evaporazione dei corpi solidi. Il vapore terreo, specialmente coinvolto nella produzione dei fumo e nell'appesantimento delle nubi, sviluppa, agli occhi del fisico - antico, un comportamento identico a quello del vapore acqueo per il fisico ingenuo contemporaneo (cioè per noi e per Piaget).

Se analizziamo le risposte dei bambini attraverso le lenti deformanti dell'egocentrismo intellettuale adulto (ispirato dalla. fisica moderna) non potremo mai capire il senso di molte delle loro spiegazioni. Nel nostro caso: tale egocentrismo riferisce tutti i vapori al modello della pentola che bolle in cucina producendo un fumo biancastro. Questo è infatti il prototipo di riferimento per la produzione dei gas (anche del vapore 'chimico') che ha in testa il fisico della strada. Se invece si recuperasse alla coscienza la possibilità di un'evaporazione del corpo solido, alcune espressioni infantili diventerebbero più chiare.

> "Vi sono infatti, come abbiamo detto, due tipi di esalazione, l'una umida e l'altra secca. La prima si chiama vapore, l'altra non ha un nome generale, ed è quindi necessario, servendo ci per il tutto di ciò che vale solo per la parte, chiamarla una sorta di fumo." - Aristotele: Meteorologica 359b 29-32 -
>
> Aristotele (?): "Il caldo del sole lieva il vapore secco, il quale è radice, et materia di vento." - 83a -

Tommaso (?): "Dunque la materia del veto e il vapore terrestre levato nell'aere" - 83b -

Tommaso (?): "La materia del veto è vapore terrestre et seccho, ma non si risolve in terra, come il vapore acqueo si resolve in acqua quando piove (...) onde quello in che si risolve il vapore seccho, il quale e materia di vento, e si minima cosa, che nò si può discernere, avvegna che in certi luochi sopra pietre si trova alcuna polvere sottilissima risoluta di vapore terreo, che levo il vento." - 84 a- Aristotele-Tommaso (?): Opera nuova - (1)

Zwa (9 anni): "C'è un po' di fumo nell'acqua che sale in cielo e questo forma le nubi. - Da dove esce il fumo dell'acqua? - E' l'acqua che lo forma. - Dove? - Dentro, in fondo all'acqua, poi sale in alto. - In che modo? - Perché il lago scende sempre più. C'è un po' di sabbia che sale come il fumo, e questo va in cielo. - Che cosa forma il fumo, l'acqua o la sabbia? - *La sabbia." -* RM p. 310-

Alla luce di questa realtà, acquista uno strano sapore, tra il patetico e lo straordinario, il protocollo di un'intervista riportata da Piaget riguardo alla spiegazione del vento. In questo interrogatorio il piccolo Re (8 anni), come Galileo davanti al cardinale Bellarmino, propone la sua spiegazione, viene confutato insistentemente, cede di fronte al peso dell'autorità, propone nuove ipotesi, viene nuovamente denegato perché anche queste ipotesi si rifanno alla fisica dell'età classica (che è in contrasto con l'ideologia dell'interrogante), e allora ritorna coraggiosamente, nonostante la rigidità delle contestazioni, alla sua ingenua (ma egualmente nobile) versione dell'eppur-si-muove.

Re (8 anni): "Da dove viene il vento? - *Dal cielo.* - Di che cosa è? *Di polvere.* - Da dove viene questa polvere? - *Perché a volte son o le automobili che l'hanno fatto.* - Quando non è fatta dalle automobili, ce n'è? - *Ce n'è a volte nella strada.* - Il vento si muove? - *SI:.* - Come? - *Da solo.* - Perché si muove? - *Soffia.* - Perché soffia? - *Quando fa cattivo tempo.* - Lui lo sa quando fa cattivo tempo? - *Sì.* - Sente quando cade la pioggia? - *Sì.* - E' vivente? - *Sì.* - Perché? - *Perché sof*

(1) Non sono riuscito a capire se quest'opera è apocrifa oppure no. Si tratta comunque di. un 'manuale' scritto da adulti per adulti. Trattandosi dell'unica opera citata nella presente ricerca su cui possono esistere dei dubbi d'attribuzione, ho quindi deciso di limitare le citazioni a soli 3 punti (mentre le descrizioni-spiegazioni precausali contenute nel testo sono molto più numerose) e cioè: una volta qui e due al punto 22.11 riferimento ad Aristotele-Tommaso (?) è comunque sempre accompagnato da altre citazioni di conferma.

fia. - Da dove viene il vento nel cielo? - *Perché a volte c'è la terra che viene su, perché questo fa polvere.* - Sopra cosa? - *Sopra il vento.* Ma la polvere come fa il vento? - *Lei passa sul vento.* - Da dove viene questo vento? - *Dal cielo.* - Dov'è? - *Nel cielo.* - Di che cos'è il vento quando è nel cielo? - *Di polvere.* - Va ad aprire la porta e senti la corrente d'aria. - (Obbedisce) - Di che cos'è? - *Di polvere.* - Ma c'è polvere qui? - *No.* - Allora, credi che il vento è di polvere? - *No.* - Di che cos'è? - *Di acqua.* - Così il vento ti ha bagnato? - *No.* - Allora di che cos'è il vento? - *Di cielo.* - Il cielo di che cos'è? - *Di nuvole azzurre.* E le nuvole azzurre? - *Di cielo.* - E il cielo? - *Di nuvole.* - E le nuvole? – *Di Jura.* - E lo Jura? - *Di terra."* - CF p. 36-

16. Induzioni

La spiegazione del vento, ed in genere del moto di un oggetto rispetto ad un punto di riferimento, lascia anche intravedere un tipico atteggiamento della razionalità infantile che è carico di implicazioni epistemologiche. Il bambino, infatti, sembra dominare perfettamente il modello concettuale in base a cui Hume (1739) negava ogni valore di decidibilità all'induzione.

Come si ricorderà, secondo la nota constatazione humiana, in presenza di due fenomeni contemporanei, o succedentesi nel tempo, non esiste alcun criterio per decidere quale dei due sia la causa e quale l'effetto ed in genere di che natura sia, se c'è, il legame tra i due. Analogamente il bambino, specie per quel che concerne la descrizione-spiegazione del moto, è piuttosto indifferente alla costituzione di una sequenza causale (da Hume in poi giudicata essenzialmente soggettiva anche quando è efficace). Il fanciullo sembra preferire piuttosto la semplice rilevazione di una concomitanza di fatti, e sembra dunque mettere spontaneamente in atto quello che, secondo gli empiristi radicali, è l'unico modo per descrivere i fenomeni con una certa verosimiglianza.

Anche nel caso del movimento (dove occorre decidere chi si muove, chi è che muove, e rispetto a che cosa si muove) il bambino si trova in buona compagnia.

Aud (9 anni) ci dice, a proposito del vento: *"Viene dal cielo. - Come si fa in cielo? - Non so. - Che cosa pensi tu? - Che può venire dalle nuvole. - Come? - Perché quando le nuvole vanno avanti, si fa dell'a-*

ria. Quando sono immobili, non ce n'è più molta. - Perché le nuvole vanno avanti? - *Perché è l'aria che loro fanno che le fa andare avanti.* - Come? - *Perché le spinge.* - Perché? - *Non so. Perché le spinge."* CF p. 61-62-

Duss (10; 7): "Ma sono le nuvole che fanno il vento o è il vento che fa avanzare le nuvole? - *Il vento fa avanzare le nuvole.* - E le nuvole fanno del vento o non ne fanno? - *Loro fanno del vento.* - Come? *Muovendosi."* - CF p. 43 -

"Perché tanto è a movere l'aria contro all'uccello per sé immobile, quanto a muovere l'uccello contro all'aria quieta." - Leonardo *(Codice Arundel* 163r) cit. in Somenzi, 1954 p.155-

Ed anzi Leonardo, che pure sembra cogliere con esattezza la spiegazione più evoluta (secondo Piaget) dei moti sublunari quando dice:

"Movesi l'aria come fiume e tira con seco li nuvoli." - Leonardo: Scritti *(Codice* G 10r) p. 581 -

non teme però di parlare, molto chiaramente, de:

"Li venti che si levan dalle nube" - ivi *(Codice K* parte III, 113-33r) p. 579 -

Del resto: anche Aristotele parlava volentieri de

"I venti che spirano dalla spaccatura di una nuvola" Aristotele: Trattato del cosmo 394b 16 -

Lo scetticismo riguardo alla possibilità di conoscere i rapporti causali attraverso l'induzione è anche imparentato col meccanismo dell'antiperistasi (che abbiamo già discusso al punto 10). La volontà infantile di mantenere la propria equidistanza rispetto al reciproco valore causale di due fenomeni concomitanti si ripresenta nel caso del legame tra le onde e ciò che le produce.

Cess (14 anni, ritardato): "Tu sai che cos'è il vento? - *E' dell'aria. Da dove viene?* - *Dal mare.* - Come? - *Sono le grandi onde.* - E la tramontana? - *E' lo stesso, ma più forte.* - Come è cominciata? - *Le onde fanno la tramontana."* - CF p. 40 -

. "Il mare è fonte dell'acqua e fonte del vento; infatti né (si formerebbe) nelle nubi (il soffiare del vento) che dall'interno spira, senza il grande mare, né le correnti dei fiumi né nell'atmosfera l'acqua piovana. E' il grande mare il generatore delle nubi dei venti e dei fiumi." - Senofane (frammento) .PS 21.B.30-

92

Fert (10 anni): "Che cos'è che fa le onde? - *E' l'aria.* - E che cos'è che fa il vento? - *Le onde.* - Che cos'è che fa le onde? - *E' l'aria."* - CF p. 78 -

"Tanta cosa si fa colla cosa incontro all'aria, quanto l'aria contro alla cosa." - Leonardo: Scritti *(Codice Atlantico* 381v a) p. 72-

"In quanto al moto dell'acqua, tanto fia a movere il remo contro all'acqua immobile, quanto a movere l'acqua contro al remo immobile." - Leonardo *(Codice Atlantico* 17 5r c) citato in Somenzi, 1954 p. 155-

Del resto: a tutto il XII secolo, un autore lucido e razionale come Alessandro Neckam non ha in mente nient'altro (a parte l'artificialismo teologico) per decidere l'origine del vento se non le teorie infantili. Egli è però poco convinto dell'azione esercitata dalle nuvole e preferisce piuttosto fare riferimento alle onde.

"Ma non voglio discutere se il vento provenga dai movimenti del mare o da quelli delle nubi, poiché la Scrittura afferma: 'Colui che ha posto il vento fra i suoi tesori'. Ma bisogna sapere che la parte superiore dell'aria è priva di questo genere di perturbazioni." - Alessandro Neckam *(De naturis rerum libri II* I, XVIII) CM p. 219 -

Alla luce di queste considerazioni apparirà forse più comprensibile e realistica, nel senso di 'vicina alla realtà delle cose', la particolare spiegazione che un bambino del primo stadio fornisce del movimento della bicicletta. Piaget ne è molto stupito, tanto che la ripropone in due momenti diversi dello stesso libro (CF p. 101 e p. 173).

Paq (4; 3): "Come va, questa bicicletta? - *Con le ruote.* - E le ruote, cos'è che le fa andare? - *Girano da sole. E' quando si è sopra la bicicletta. Nella strada va da sola. E' la strada che fa andare la bicicletta."* - CF p. 101 -
infatti

"Tanto è a movere la strada sotto il peso, quanto il peso sopra la strada." Leonardo *(Codice Atlantico* 155v b) citato in Somenzi, 1954 p. 155 -

17. Oscurità

Per capire almeno un poco i meccanismi del pensiero (nostro ed altrui) è necessario cercare di immedesimarsi nel punto di vista dell'interlocutore, sia esso un fanciullo od un filosofo, invece che limitarci ad applicare alle sue parole le nostre precostituite categorie scientifiche e mentali. In caso contrario si corre il rischio di trovare nuovi pretesti per le nostre teorie, ma senza per questo fare dei passi avanti nella conoscenza dei fenomeni presi in considerazione. Ciò viene confermato anche nel caso della descrizione-spiegazione del buio e della notte.

"Durante il primo stadio, il fanciullo si limita a spiegare la notte con la sua utilità, che è il punto di partenza di ogni artificialismo. Se si sollecita il fanciullo a completare la sua spiegazione finalistica con una spiegazione causale, farà intervenire gli uomini o il buon Dio, ma senza precisare il 'come' del fenomeno" (RM p. 296-297). Questo atteggiamento pratico non è molto diverso da quello biblico.

"Poi Dio disse: 'siano dei luminari nel firmamento del cielo per distinguere il giorno dalla notte' "- Genesi 1, 14-

A parte questa vaga somiglianza, il tema risulta tuttavia particolarmente complesso in quanto si interseca anche con dei valori culturali, quali la scansione del tempo quotidiano (della veglia e del riposo) che viene determinata dal contesto sociale in cui il bambino si trova a vivere. Nella famiglia urbana contemporanea il sonno infantile è prima di tutto un dovere, spesso sancito da regole precise e determinato da cadenze quasi-morali. Oggi, e più ancora nella Ginevra degli anni '20, è raro che un bambino stia fuori casa molto dopo il tramonto e possa dunque avere un rapporto con la notte nei termini di un evento naturale. E' più facile che questa entri nella sua vita come ci entra il pranzo o la pulizia dei denti, e cioè sotto forma di un rito molto più che nella sua realtà di fenomeno celeste. Questa è una prima possibile spiegazione del fatto che, nel primo stadio della precausalità, a proposito della notte, "il fanciullo non si preoccupa del 'come': cerca semplicemente l'intenzione che è causa della notte, e questa intenzione è, evidentemente, che i fanciulli dormano" (RM p. 297-298).

L'inquadramento in termini culturali di questo atteggiamento infantile non è tuttavia sufficiente a giustificare del tutto tale spiegazione nella prospettiva della presente ricerca. L'idea di fondo secondo cui "viene notte perché si dorme" (RM p. 297) è infatti

94

ancor meglio comprensibile se si pensa a due caratteristiche del sonno: la prima è il suo legame col problema dei sogni e della vita mentale notturna (con tutte le implicazioni accennate al punto 8), la seconda è il suo caratterizzarsi come mancanza di luce, il che ci avvicina ad un tema di fondo che si potrà cogliere meglio se lo affrontiamo nei termini in cui il problema della notte si presenta nella fase successiva del pensiero precausale.

Nel secondo stadio (che tende a confondersi col primo) la notte è spiegata come il diffondersi del buio o come la presenza di nubi nere, non di rado prodotte da un intervento divino. In genere gli intervistati non cercano di spiegare il meccanismo del buio, rispetto alla luce, ma si limitano a fornire una generica descrizione dei fatti.

Mor (5 anni): "Perché viene la notte? - *Perché fa nero.* - Perché fa nero? - *Perché è sera. I bimbi devono andare a letto.* - Da dove viene la notte? - *Dal cielo.* - Come fa la notte, il cielo? - *Il buon Dio.* - Come diventa nero? - *Non lo so."* - RM p. 297 -

Cill (7 anni): la notte "*è ... si dorme, di notte, anzi è tu tto nero.* Perché è nero? - *Per andare a dormire.* - Perché diventa nero? - *E' il cielo che diventa nero e questo fa diventar tutto nero."* - RM p. 297 -

Bourg (9 anni): "Da dove viene la notte? - *E' l'aria che diventa nera.* - Perché di notte l'aria diventa nera? - ... - E di giorno? - *E' l'aria che è bianca.* - La notte è dell'aria nera che viene, o è dell'aria bianca che diventa nera? - *L'aria bianca se ne va.* - Da dove viene l'aria nera? - *Dalle nubi."* - RM p. 298 -

L'idea del diffondersi di una oscurità indifferenziata, secondo cui "la notte è dunque una grande nube nera o dell'aria nera" (RM p. 299) è costantemente diffusa nella fisica classica. Tale concetto viene espresso in forme di volta in volta mutevoli, che però consistono tutte nell'attribuire alla tenebra un carattere di sostanza e nell'evitare di fare riferimento al sole per descrivere la luce del giorno rispetto alla notte. Va ricordato infatti che, sebbene noi abbiamo in mente lo stesso stereotipo fisico-fenomenico di Piaget per cui privilegiamo la definizione del buio come assenza di luce (cosicché la spiegazione piagetianamente più evoluta consiste nel descrivere la notte col tramontare del sole), non c'è alcun motivo 'scientifico' che vieti di descrivere invece la luce come assenza di buio (per cui il giorno consiste semplicemente nel tramontare delle tenebre).

Alcuni riferimenti adulti all'infantilismo precausale, in materia di buio, sono piuttosto indiretti e quindi relativamente poco probanti, ma vale ugualmente la pena di ricordarli. Così: secondo i Boscimani, "'l'oscurità notturna è il fiele estratto dalla vescica di una antilope sparso nel cielo" (ML voI. 1 p. 8); Orfeo parla della "notte dalle ali nere" (Aristofane - Uccelli 693-702 - SG 4.A 24.3); mentre Severino Boezio sottolinea, come il Mor (5 anni) piagetiano, che "dall'alto si diffonde la notte sulla terra" (Boezio: Consolazione I 1, 20).

Altre ipotesi adulte sono invece più esplicitamente precausali. Ad esempio: secondo molti autori la Notte, eventualmente contrapposta all'aria o alla luce, rappresenta un autonomo principio primo da cui discendono tutti gli altri elementi.

> Parmenide: "Il quale appunto tracciò una cosmologia e, mescolati quali elementi la luce e la tenebra, da questi e mediante questi ricava tutti i fenomeni." - Clemente Alessandrino *(Stromata* 138) PS 28.B. lO -

> "Ed Epimenide assume due principi primi: Aere e Notte." - Eudemo di Rodi (fr. 150) se 8.B3.a-

> "Acusilao mi sembra supporre il caos, il primo principio, come del tutto inconoscibile, e poi dopo quest'unico principio, due principi: Erebo, il principio maschile, e Notte, quello femminile." - Damascio *(De principiis* 124) PS 9.B.1-

Avviene altresì che molti autori definiscono la notte e il giorno, o la luce ed il buio, come qualità simmetriche di quella che noi chiameremmo atmosfera. Tali qualità occupano, in tempi diversi, lo stesso luogo.

> Pitagora: "Nel cosmo c'è luce e tenebra in parti uguali." - VF VIII 1,26 -

> "Come l'aria riceve la sua forma dalla luce così la sua informità si chiama 'tenebre' " - Teodorico di Chartres *(Tractatus de operibus sex dierum* XXII, 23) PM p. 136-

> "E si inserì poi la zona dell'aria, leggera e mutevole: ora accoglie le tenebre, ora risplende accogliendo la luce." - Bernardo Silvestre *(De mundi universitate* l, 2) PM p. 155 -

E' poi costante il riferimento ad un luogo da cui la tenebra fuoriesce per dar luogo alla notte.

Mito Kiwai (Golfo di Papua): "Poi gli mostrò un altro posto e disse: 'questo è il luogo della tenebra, Dùo, qui ogni cosa è scura, nera. Di qua viene il buio, la notte'." - (G. Landtman) ML vol. 2 p. 181 -

Orfeo: "Di là i torpidi fiumi della notte oscura gettano fuori la tenebra sconfinata." - Pindaro (fr. 130) SG 4.A7 -

Apollo: "Al di là del mare intero, sino ai termini della terra e alle sorgenti della notte." - Sofocle (fr. 956) SG 2.A7 -

Alcuni non sanno bene quale strada sia meglio scegliere, e mischiano insieme vari tipi di precausalità.

Democrito: "attribuisce la causa del nero tutt'insieme a parecchie cose, non soltanto al sovrapporsi dell'ombra, ma anche alla densità dell'aria, al penetrare dell'effluvio, al turbamento dell'occhio." - Teofrasto *(De sensu* 81) PS 68.A.135-

C'è poi chi, assieme a riferimenti puerili che chiamano in campo un artificialistico Signore della notte, ricorda che la tenebra è fatta di nubi.

"Copre la faccia della luna piena e sparge sovr'essa la sua nube." - Giobbe 26,9 -

"Tu che incateni il giorno e la notte nel loro alternarsi largisci al giorno la fiaccola del sole e fai assopire al chiaro specchio della luna le notturne nubi." - Alano di Lilla *(Liber de planctu naturae* PL 210, 431-482) PM p. 243-

C'è chi, ancor più esplicitamente, attribuisce la colorazione dell'aria alle diverse evaporazioni (fumi? nubi?) che costantemente e-manano dalla terra e dall'acqua.

Eraclito: "Le evaporazioni si formano sia dalla terra che dal mare; quelle dal mare sono luminose e pure, quelle dalla terra sono oscu-re." - VF IX 1,9 - "L'evaporazione luminosa, infiammatasi nell'orbita del sole, produce il giorno; l'evaporazione contraria, dopo aver ottenuto il predominio, produce la notte." - V F IX 1, Il -

La questione, sebbene presente nella fisica greca e medievale, non viene però affrontata sistematicamente ma per lo più in termini che ad un moderno possono apparire indiretti e superficiali. I fanciulli, per spiegare un fenomeno naturale come l'oscurità, fanno riferimento ad usi e costumi sociali o si 'inventano' delle evapora-

zioni nere, mentre i fisici classici, che in genere conoscono (in senso
moderno) il concetto di tramonto del sole, non mancano di riferirsi
con una certa frequenza alla luce ed al buio come a delle qualità
dell'aria.

Questa sensazione di incertezza può forse venir meglio compresa
se si tiene conto di un'osservazione relativa al problema della luce e
del modo in cui i fisici l'hanno affrontato fino a tempi molto recenti.
Se pure tale osservazione non esaurisce il problema, ne chiarisce
tuttavia alcuni aspetti anche per quel che riguarda il concetto realista
che tanta parte del pensiero umano si è costruito relativamente al
vedere (come abbiamo già rilevato al punto 6). Ricorda dunque
Ronchi che "il meccanismo della visione costituì l'argomento centrale
dell'ottica antica e medioevale. Finché non si era trovata la chiave di
questo meccanismo non si poteva procedere oltre, perché non si
potevano avere delle idee definite circa la natura dell'agente capace di
stimolare l'occhio. In altre parole non si poteva costruire un modello
di questo agente, che oggi ci sembra tanto evidente e che nel
linguaggio comune si chiama 'luce'. Perciò presso gli antichi e nella
prima metà del medioevo non esisteva il problema della 'luce' nel
senso in cui lo intendiamo oggi (...) Per questi infatti luce era il
contrario di buio; era una rappresentazione psichica del mondo
esterno, che poteva essere nera e allora si diceva che vi era buio, e
poteva esser chiara e colorata e allora si diceva che vi era luce e
colore. Se si considera 'che la teoria dominante era quella dei raggi
visuali, si comprende subito perché non esisteva un problema della
luce, inteso come problema di costruire un modello dell'agente capace
di stimolare l'occhio per far vedere chiaro invece di buio" (Ronchi,
1954 p. 167).

18. Perturbazioni atmosferiche

Tra i molti fenomeni meteorologici che colpiscono la fantasia
dell'uomo, le perturbazioni atmosferiche hanno sempre avuto un
posto di primo piano. In particolare: "il problema dei temporali
interessa tutti i fanciulli" (RM p. 312), che se ne costruiscono una
spiegazione che si sviluppa attraverso il succedersi di tre stadi,

affrontati da Piaget nell'ambito dell'artificialismo infantile.

Al primo livello, il tuono ed i lampi sono il prodotto dell'intervento diretto di qualcuno, o comunque di una percussione tra oggetti.

Stei (5 anni): "Che cos'è il tuono? - *Con martelli, si pesta.* - Lo credi, o è una frottola? - *Lo credo.* - Chi pesta? - *Il buon Dio.* - Perché? *Per far piovere.* - RM p. 312-

Don (5; 5): "Da dove viene il tuono? - *Dalla montagna.* - Come viene dalla montagna? - *Sono i muratori che ci lavorano.* - Come? - *Prendono del ferro, e con questo fanno il tuono."* - RM p. 312-313-

Stei (5 anni): "Che cos'è un lampo? Come si forma? - *Non so.* - Da solo? - *Sì. Prima del tuono.* - Di che cos'è fatto? - *Di fuoco.* - Da dove vengono i lampi? - *Dal fuoco, perché sono accesi con fiammiferi. Lui accende, poi viene il lampo.* - Chi accende? - *Il buon Dio."* RM p. 312 -

Lo stesso Piaget parla di "miti di questo primo stadio" (RM p. 314), ed in effetti non è difficile che sollecitino la memoria di parole del passato, se pure espresse in termini molto diversi dalla nostra abitudine alla spiegazione scientifica del mondo.

E' nota la vastissima tradizione 'mitologica' del Fabbro Celeste, cioè di una divinità superiore che forgia la natura ed il cui battere sull'incudine si riflette nelle perturbazioni atmosferiche. Una sua classica rappresentazione è quella della fucina di Efesto-Vulcano, un'altra è quella di Thor che sempre tiene in mano il suo terribile martello, da cui si spandono fulmini e tuoni. Esempi di produzione antropomorfo-meccanica del tuono e dei fulmini sono comunque presenti nelle più diverse culture.

Pàdlermiort (Baia di Hudson): vi sono un fratello e una sorella che sono fuggiti in cielo, "quando tuona e fulmina ciò avviene perché l'uno di loro agita una pelle secca di renna, mentre l'altra fa scaturire scintille dalla pietra focaia." (Kn. Rasmussen) ML voI. 3 p. 18 -

"Surse il gran fabbro e la fucina aperse (...) un'isoletta ch'alpestre ed alta esce de l'onde, e fuma. Ha sotto una spelonca, e grotte intorno, che di feri Ciclopi antri e fucine son, da' lor fochi affumicati e rosi. Il picchiar de' l'incudini e de' martelli ch'entro si sente, lo stridor de' ferri, il fremere e 'l bollir de le sue fiamme e de le sue fornaci, d'Etna in guisa intonar s'ode ed anelar si vede. (...) Stavan ne l'antro allora Stérope e Bronte e Piracmòne ignudi a rinfrescar l'aspre saette a Giove. Ed una allora n'avean parte polita, parte abbozzata, con tre

99

raggi attorti di grandioso nembo, tre di nube pregna di pioggia, tre d'acceso fuoco, e tre di vento impetuoso e fiero. I tuoni v'aggiungevano e i baleni, e di fiamme e di furia e di spavento un cotal misto." Virgilio: Eneide (VIII, 415-432) VIII, 638-663-

"Subito dopo egli (il gigante Hrungnir) vide dei lampi di luce e udì un forte tuono, poi vide Thòr invaso dal furore divino: procedeva rapido e brandiva il martello che gettò da lontano contro Hrungnir." - *Edda* (p. 86) citato in Chiesa-Isnardi, 1977 p. 33 -

Nel secondo stadio, che sta tra i 7 e i 9 anni, "il tuono è dovuto a un'esplosione delle nubi; il lampo, al fuoco che esce dalle nubi o dagli astri" (RM p. 313). Ne vengono proposti diversi esempi, cui ne aggiungo qualcuno io.

Bois (5 1/2): "Da dove vengono i lampi? - *Dalle nubi.* - C'è del fuoco nelle nubi? - *Sì.* - Come mai? - *Del fumo.*" - RM p. 313 -

"Leucippo afferma che il tuono è prodotto dalla violenta caduta del fuoco racchiuso nelle nubi più dense." - Aezio (III 3, lO) PS 67.A.25

Duc (6; lO): "Che cos'è il tuono? - *Sono i lampi che s'incontrano.* Da dove viene il lampo? - *Dal cielo.* - Che cos'è? - *Come del fuoco. Sono stelle.*" - RM p. 313-

"Le nubi stesse devono contenere un gran numero di elementi infuocati." - Lucrezio: Natura VI, 206-207 -

Il tuono e il lampo come effetti di scontri celesti e fughe di fuoco vengono anche diffusamente descritti-spiegati da Epicuro (Epicuro: Pitocle). Piaget, invece, rimane molto stupito di queste ipotesi infantili, e si sente in dovere di interporre, alla sequenza delle risposte, un inciso (concluso da un punto esclamativo) che vuole sottolineare la straordinarietà di simili atteggiamenti: "Secondo la spiegazione più corrente del secondo stadio il tuono scaturisce dallo scontro fra due nubi, e il lampo dalla combustione così prodotta, le nubi essendo formate di fumo, e il fumo contenendo del fuoco!" (RM p. 313).

Poi l'elenco riprende sottolineando il carattere dinamico della spiegazione infantile di questi fenomeni. Continuo anch'io ad accostare esempi, che nella loro evidenza non mi sembra abbisognino di commenti.

Cess (8; 6): "Che cos'è il tuono? - *Fuoco.* - Da dove viene? - *Dalle nubi, perché* si *urtano.* - Perché questo fa rumore? - *Perché si scon-*

trano. - Che cosa sono i lampi? - *Fuoco.* - Da dove viene? - *Dalle nubi, perché* si *sono urtate.* - Come accade ciò? - *Perché è fuoco, come la luna e il sole."* - RM p. 313-

Bo (9 1/2): "Che cos'è il tuono? - *Le nubi che si scontrano.* - Perché? - *Per fare il tuono.* - Da dove viene il rumore? - *Perché* si *urtano."* RM p. 314-

Anassagora: "E i tuoni sono urto di nubi: e i lampi sono attrito di nubi." - V F I 3, 9 -

"Il tuono squarcia l'azzurro del cielo perché nel volo verso l'alto le nubi eteree si urtano e si scontrano sotto l'impulso dei venti contrari." - Lucrezio: Natura VI, 96-98-

Anche Piaget rileva brevemente come "queste spiegazioni non sono senza analogia con quelle dei presocratici: l'aria rinchiusa nelle nubi le fa scoppiare, lo strappo produce un chiarore, ecc." (RM p. 315). Questo richiamo, peraltro edulcorato rispetto alla effettiva 'grossolanità' di molti autori e troppo ristretto nel riferimento ai soli presocratici e nel suo definirlo come analogia (quando si tratta di una chiara identità), risulta, come nelle abitudini di Piaget, incidentale e non viene ulteriormente elaborato.

Comunque: il parallelismo è corretto. Il bambino ragiona proprio come un filosofo greco, o come un latino del tempo di Cesare.

Hend (9; 8): "Che cos'è il tuono? - *Due nubi che si scontrano e questo fa* i *lampi. Prima si toccano, si urtano, e questo fa il tuono e il lampo.* - Perché fa il lampo? - *Perché due nubi si sfregano* (l'una con l'altra) *e fa scintilla.* - Perché? - *Anche se si sfregano due pezzi di legno l'uno contro l'altro c'è scintilla."* - RM p. 314-315-

"Il lampo brilla quando le nubi scontrandosi hanno fatto sprizzare innumerevoli atomi infuocati, come un ciotolo che ne sfreghi un altro, o un pezzo di ferro." - Lucrezio: Natura VI, 160-161 -

Ross (10; 7): "Che cos'è il tuono? - *Delle nubi che scoppiano.* - In che modo? - *Perché si scontrano.* - E poi, che cosa succede? - *Un lampo.* - Che cosa è? - *Una luce prodotta dalle nubi.* - Perché fanno questa luce? - *Perché si scontrano."* - RM p. 315-

"Intorno a tuoni, lampi, fulmini, turbini infuocati e tifoni Anassimandro afferma che tutti questi eventi derivano dal soffio: ogni volta infatti che esso è racchiuso in una spessa nuvola, e balza poi fuori a viva forza per la sua leggerezza e piccolezza delle sue parti, ecco che lo squarcio produce il fragore, mentre la fenditura, a confronto con la nerezza della nuvola, suscita lo sprigionarsi del bagliore." Aezio (Ill 3,1) SG 11.B12.bll-15-

101

Capitolo 5

LA MISURA DI TUTTE LE COSE

19. Volontà soprannaturali

Secondo Piaget, nell'ambito dello sviluppo mentale del bambino, "al finalismo e all'animismo è da ricollegare l'artificialismo o convinzione che le cose siano state costruite dall'uomo o da una attività divina che operi secondo le regole della costruzione umana" (Piaget, 1940 p. 35). Abbiamo già visto affiorare questo atteggiamento fra le interpretazioni affrontate nei paragrafi precedenti; esso tuttavia prevale nelle descrizioni-spiegazioni di nuovi fenomeni particolari.

Nello sviluppo di tale artificialismo sarebbero identificabili quattro stadi, strettamente collegati allo sviluppo dell'animismo.

Ad un primo livello è *"artificialismo diffuso,* nel senso che la natura è concepita come diretta dagli uomini, o almeno come gravitante attorno ad essi (...). In questo periodo la magia, l'animismo e l'artificialismo si confondono totalmente. Il mondo è una società di esseri viventi diretta dall'uomo. L'io e il mondo esterno sono mal differenziati" (RM p. 375). Secondo Piaget: "il fanciullo, durante questo primo periodo, proietta in tutte le cose la situazione che sente esistere fra lui e i genitori" (RM p. 376).

E' interessante notare come questo modello esplicativo sembri vicino alle tesi di Freud secondo cui l'interazione affettiva col padre e la madre, ovvero con le loro rappresentazioni fantasmatiche, ha un ruolo determinante nel costituire il paradigma attraverso cui il bambino imparerà successivamente a 'leggere' molta parte del suo rapporto col mondo. Tuttavia, benché Piaget insista più volte (nei due libri relativi alla realtà-causalità) sul carattere fondamentale del rapporto asimmetrico che si instaura nella prima infanzia tra genitori e figli, la sua interpretazione di questo rapporto è dichiaratamente divergente da quella psicoanalitica. Essa non si collega minimamente alla teoria dello sviluppo libidico proposta da Freud, che Piaget rifiuta specialmente a motivo dell'eccessivo pansessualismo che vi ravvisa, bensì deriva da due cause, più 'concrete' e per così dire 'istintive', cioè: "il legame di dipendenza materiale che il fanciullo sente esistere fra sé e i suoi genitori, e la deificazione spontanea dei genitori da parte sua" (RM p. 381).

All'artificialismo diffuso fa seguito un *Artificialismo mitologico* (secondo livello), durante il quale gli stessi temi del primo livello si formalizzano in alcuni miti più radicati e ricorrenti. Tra il primo ed il secondo tipo di artificialismo, entrambi facenti parte del primo stadio, "esistono in fondo - a parità di condizioni - gli stessi rapporti rilevati da Levy-Bruhl fra un primo stadio della mentalità primitiva, ;in cui le partecipazioni sono semplicemente sentite e vissute, e un secondo nel quale le partecipazioni cominciano ad essere formulate dando vita a miti di origine" (RM p. 377) (1).

Segue quindi *l'artificialismo tecnico* (terzo livello), che corrisponde al secondo stadio. In questa fase "il fanciullo continuerà ad attribuire all'uomo la configurazione generale delle cose, ma ne limiterà l'azione alle operazioni tecniche realizzabili" (RM p. 378).

Nel terzo stadio, caratterizzato *dall'artificialismo immanente* (quarto livello), "l'artificialismo scompare solamente sotto la sua forma umana o teologica per trasferirsi sulla natura. In altri termini, la natura è erede dell'uomo e fabbrica al modo dell'artista o dell'operaio" (RM p. 380). Vale a dire che, benché apparentemente il bambino ragioni in termini naturalistici, nella sostanza rimane artificialista in quanto "l'attività fabbricatrice è sottratta all'uomo per essere attribuita alla natura" (RM p. 284) e si ha quindi un semplice spostamento di soggetti-agenti invece dell'acquisizione di una coscienza oggettivista.

---

(1) Si noti come Piaget, pur senza entrare nel merito della questione, dia per scontata la controversa teoria stadiale della cultura secondo cui le diverse società attraversano degli stadi successivi (dalle culture inferiori a quelle superiori) secondo una sequenza che sarebbe necessariamente più o meno uguale per tutte.

Lo stesso Piaget rileva (RM paro XLI) come l'educazione fornita dai genitori, la vita in città, la dimestichezza con interventi umani che sembrano poter modificare e controllare radicalmente l'habitat circostante, la formazione religiosa, ed in genere tutta la condizione per certi versi artificiale in cui si svolge la vita con temporanea nella civiltà industriale avanzata possono avere influito sul bambino inducendolo, attraverso i meccanismi della socializzazione culturale, ad attribuire una qualità esageratamente antropomorfica alla natura stessa. La scuola di Ginevra tende però a mettere in secondo piano l'effetto della socializzazione in quanto ritiene che al bambino vengano forniti anche molti altri indizi (oltre a quelli artificialisti) che potrebbero invece spingerlo ad immaginarsi soluzioni diverse per l'inquadramento concettuale del mondo esterno. E conclude: "in breve, nulla costringe il fanciullo a scegliere alcune particolarità e-scludendone altre. Questa selezione sembra opera di un interesse per l'artificiale, la cui spontaneità è difficile contestare" (RM p. 358).

Il carattere antropomorfico attribuito alla natura è però onnipresente, come sembra talvolta ammettere lo stesso Piaget, nella gran parte delle culture selvagge (adulte). Il fenomeno era ben noto ai suoi tempi, specie in riferimento al pensiero magico: "il selvaggio difficilmente concepisce la distinzione comunemente tracciata dai popoli civili tra il naturale e il soprannaturale. Per lui, il mondo è in gran parte determinato da agenti soprannaturali, ossia da esseri personali che agiscono per impulsi e motivi simili ai suoi" (RO p. 21).

Appunto secondo Frazer (RO cap. V) uno dei caratteri principali della magia primitiva consiste nell'instaurarsi di un rapporto di influenzamento diretto tra l'uomo ed i fenomeni meteorologici. Sempre secondo Frazer, sono tre le realtà ambientali con cui il soggetto si sente particolarmente in sintonia: la pioggia, il sole, il vento. Queste tre entità (ricorrenti anche nella ricerca piagetiana sulla realtà-causalità) possono venire concettualmente dominate attraverso una sorta di identificazione che riguarda tutti i membri della comunità ma che viene attuata in modo particolarmente efficace da parte dello stregone. Tale fusione con il mondo circostante permette, grazie ad una sorta di specularità o di induzione spontanea, di evocare nelle cose celesti reazioni analoghe alle azioni messe in atto dal soggetto. Cambia la scala a cui il fenomeno si verifica, ma il gesto umano e l'atto naturale collimano. Avviene così che lo sciamano sputa in aria o getta acqua intorno a sé con lo scopo di indurre la pioggia, ovvero soffia a pieni polmoni per suscitare o per frenare il vento.

A parte questi casi, appare chiaro come ciò che Piaget pretende di chiamare artificialismo infantile è semplicemente una delle forme in cui si manifesta quella fede nella creazione che ha qualificato, e qualifica, la visione del mondo di milioni e forse miliardi di uomini adulti e coscienti. Il peso di questa testimonianza non sembra minimamente impensierire lo scientismo piagetiano.

Nel Genesi, il mondo è creato tutto di bel nuovo, attraverso l'intervento divino, in termini rigorosamente artificialistici. Tra le caratteristiche fondamentali della divinità vi è anzi la capacità di decidere su tutte le cose (in termini che contrastano con ogni concetto novecentesco di rapporto tra cause ed effetti) e quindi di creare ciò che prima non esisteva ovvero di stabilire regole che vengono mantenute anche quando vengono trasgredite. Senza voler entrare nel merito di un problema troppo grande, mi pare tuttavia utile ricordare che simili tendenze arbitrarie, antropomorfe ed artificialistiche, sono in un certo senso molto vicine alle intenzioni che la teologia cristiana ha sempre attribuito all'Ente Supremo. Per non citare che una descrizione, tra mille altre:

"Se Dio vuole una cosa, essa avverrà." - Tommaso: Con tra Gentiles I LXXXV, 4-
"Creare infatti altro non è che produrre qualche cosa nell'essere senza una materia preesistente." - ivi II XVI, Il -
"Sebbene talora Dio compia delle cose fuori dell'ordine stabilito nell'universo, tuttavia non compie nulla contro natura (...) qualunque cosa Dio compia nel creato non è contro natura, sebbene sembri contraria all'ordine proprio di qualche natura (...) tutte le creature stanno a Dio come i manufatti stanno al loro artefice. Cosicché tutta la natura è come un manufatto dell'arte divina. Ora, non è contro la natura del manufatto che l'artefice faccia dei ritocchi alla sua opera, anche dopo avergli dato la sua prima forma. Dunque neppure è contro natura che Dio compia nelle cose naturali qualcosa di diverso dal caso ordinario della natura." - ivi III C, 1-5 -

C'è una evidente continuità fra: la supposizione di un principio o di una mente ordinatrice che si esplica nella natura, l'antropomor-

106

fizzazione di tale principio teleologico, la confusione (come analogia e capacità di reciproca incidenza) tra gli eventi naturali e quelli umani. Non è quindi solo un gioco di parole quello secondo cui, se si è verificato (come alcuni credono) il frangente in cui

> "Iddio disse: 'facciamo l'uomo a nostra immagine, secondo la nostra somiglianza: domini sopra i pesci del mare e sugli uccelli del cielo, sugli animali domestici, su tutte le fiere della terra e sopra tutti i rettili che strisciano sopra la terra.' Iddio creò l'uomo a sua immagine, a immagine di Dio lo creò." - Genesi I, 26-27 -

allora, inversamente, anche il Creatore può avere somiglianza con l'uomo.

Com'è noto, questo atteggiamento non rimane circoscritto alla sola religione cristiana o all'animismo primitivo, ma può venire ritrovato in molte parti del mondo e della cultura umana. Le testimonianze su questo tema si sprecano; ne riferirò quindi un paio a puro scopo di esempio (forse pleonastico).

"Come in altre religioni mesoamericane, e coincidendo in questo con le religioni orientali, i Maya credevano nella stretta dipendenza dell'uomo dagli dei, reggitori dell'universo. Il mondo era opera loro." (Bosch-Gimpera, 1970 p. 364). La cultura mesopotamica, dal canto suo, "riteneva che il cielo, la terra, l'aria e gli altri oggetti e forze naturali personalizzati come dei fossero nati dall'unione delle divinità maschile e femminile che presiedevano al caos. Le forze naturali, o dei, più giovani avrebbero poi continuato l'opera di ordinamento dell'universo avvalendosi di incanti magici o di parole di comando. Nei miti mesopotamici della creazione c'è uno stadio più recente in cui gli dei più giovani ricorsero all'impiego della forza fisica per soggiogare la natura, combattendo contro gli antichi dei del caos" (Mason, 1956-1962 p. 15).

Piaget ravvisa poi, nell'artificialismo infantile, anche un altro carattere (secondario) in base al quale "nella natura non esiste il caso, perché tutto è 'fatto per' gli uomini e i bambini, secondo un saggio piano prestabilito di cui l'essere umano è il centro" (Piaget, 1940 p. 33). Tale visione viene ripresa nel concetto cristiano di Provvidenza, e nella connessa abitudine religiosa al Ringraziamento, ma è stata sviluppata anche nel pensiero filosofico laico e razionalista. Infatti:

107

"Affermano gli stoici che il mondo e tutte le cose che sono in esso furono prodotte per servire agli uomini." - Lattanzio *(Institutiones divinae* VII 7, 9) PS 68.A.139-

20. *Ancora i venti*

Abbiamo già incontrato la descrizione-spiegazione del vento al punto 10, in relazione col concetto di respirazione e di pneuma, ovvero al punto 15, dove veniva spiegato con la polvere ed il soffio. Esso viene interpretato però, oltre che in chiave animistica, anche secondo il modello artificialista.

Nel primo livello di tale artificialismo "il vento è prodotto dall'uomo o da Dio, grazie al soffio o grazie alle macchine" (CF p. 32). Gli esempi non mancano, se pure talvolta non sembrerebbero del tutto convinti (da parte dei bambini); tanto che lo stesso Piaget dichiara che "si sarebbe tentati di attribuire a pura fabulazione simili miti artificialistici" (CF p. 33).

Taq (7 anni): "Com'è cominciata la brezza? - *E' quando si soffia.* " - CF p. 33 -

Rae (6 anni): *"E' il buon Dio che fa soffiare il vento. - Come? - Con la bocca."* - CF p. 33-

Schnei (4 anni): "Da dove viene il vento? - *Dal cielo, quando piove. E da dove viene il vento del cielo? - Dalla tramontana. - E la tramon-* tana? - *Dal buon Dio. - In che modo? - Con un bastone. - Come? Lui fa così* (gesto di frustare l'aria), *e lei vola via. - Tu lo inventi adesso? - Sì. - Tu credi questo? - No. - Allora come si fa il vento? - Dio fa un buco* (nella volta del cielo), *poi il vento vola via. - Da dove viene questo vento? - Dal cielo, poi dentro* (il cielo) *c'è del vento."* - CF p. 34-

Tale concezione è assai diffusa in molte tradizioni popolari a partire dalla Grecia antica, dove il vento viene inviato dagli dei (primo fra tutti Eolo, come vento in genere, o le singole divinità pei i venti particolari) per arrivare alla classica iconografia della nuvola rappresentata come un faccione che soffia ovvero al lupo cattivo che abbatte col fiato la casa dei tre porcellini. Non mancano tuttavia esempi più 'scientifici' di convinzione adulta che il vento sia controllato dall'uomo.

Roy (6 anni): "Una nuvola di che cosa è fatta? - *Di aria.* - E il cielo? - *Pure di aria.* - Com'è cominciata, la prima volta che è esistito il cielo? - *E' sempre esistito.* - Ma la prima volta? - *Perché è del vento.* - Da dove veniva questo vento? - *Dal cielo?* - Come mai? - *E' stato qualcuno che ha soffiato.* - Chi? - *Gli uomini.* - Quali uomini? - *Uomini che facevano questo di mestiere."* - RM p. 305 -

"Gli indigeni dell'isola di Bibili, presso la Nuova Guinea, han fama di poter produrre il vento soffiando con la bocca. In tempi procellosi gli abitanti di Bogadzim sogliono dire: 'riecco quelli di Bibili che soffiano' "- RO p. 129 - (2)

Analogamente: "i Masai (Kenia) hanno una divinità che presenta decisi caratteri polimorfici, *Ngai* (...) Ngai è un nume dal 'fiato potente': il suo respiro è il vento e quando ride scoppia il tuono. Il fulmine è lo splendore del suo occhio e la pioggia è il suo pianto" (Maggi, 1958 p. 471).

La convinzione secondo cui l'artificialismo è parte integrante delle possibilità umane ha coinvolto importanti istituzioni di epoche diverse. Ad esempio Frazer riferisce come "anche nei tempi cristiani, sotto il regno di Costantino, un certo Sopater fu condannato a morte a Costantinopoli, accusato di aver con la magia legato i venti" (RO p. 130). Mentre Thorndike ci ricorda che, ancora nel 1326, papa Gi.ovanni XXII "incaricò un cardinale di giudicare il caso di un canonico di Hagen che era accusato di invocare spiriti demoniaci per suscitare grandinate e temporali" (HMES v. 3 p. 29). L'accusa di 'magia meteorologica' non è del resto assente dai pur serissimi verbali dell'Inquisizione.

Il particolare antropomorfismo, che interpreta ad esempio il vento come soffio prodotto in modo analogo alla respirazione umana, è presente anche negli scrittori classici. Aristotele riprende tale modello per spiegare i terremoti, che egli ritiene (conformemente all'idea del tempo) strettamente collegati ai movimenti dell'aria; mentre Seneca lo utilizza, se pure con delle perplessità ma non senza una doverosa attenzione, proprio a proposito del vento.

(2) In questo capitolo presenterò alcuni esempi tratti dal *Ramo d'Oro* (RO) di Frazer. Per semplicità, li traggo dalla sintesi in due volumi pubblicata anche in Italia, ricordando che tutto ciò che in tale edizione viene indicato sinteticamente è esposto più ampiamente nella monumentale edizione in 12 volumi, pubblicata tra il 1911 ed il 1915, che contiene anche la documentazione sulle fonti da cui Frazer ha ricavato gli episodi di cui ci parla.

"Bisogna infatti pensare che, come nel nostro corpo la potenza del soffio rinchiuso dentro è causa di tremiti e palpitazioni, è simile anche l'azione del soffio rinchiuso nella terra, ed alcuni terremoti sono simili a tremiti, altri simili a palpitazioni; e come spesso accade dopo la minzione (il corpo infatti è attraversato da una specie di tremito 'perché una massa di soffio si sposta dall'esterno all'interno) qualcosa del genere avviene nella terra. Noi dobbiamo infatti conoscere la potenza posseduta dal soffio non soltanto da ciò che si verifica nell'aria (dove si può supporre che esso è capace di produrre tali effetti per la sua grandezza) ma anche osservando i corpi animali. Infatti le convulsioni e le contrazioni sono movimenti del soffio, ed hanno una tale forza che anche molte persone contemporaneamente non riescono ad a\(ere ragione dei movimenti dei malati. E qualcosa del genere bisogna che avvenga anche nella terra". - Aristotele: Meteorologica II 366b 14-30 -

"C'è poi una teoria di cui non riesco a convincermi se credervi o tacerne: nei nostri corpi l'eruttazione - che viene emessa non senza un grande fastidio per il nostro olfatto, che il ventre libera talvolta rumorosamente e talaltra in modo più discreto - è causata dai cibi; allo stesso modo, alcuni ritengono che la grande natura emetta aria nel digerire il suo nutrimento." - Seneca: Questioni V 4.2 -

Il carattere antropomorfo (o antropomorfo-meccanico) del vento non è del resto così evidente nel bambino come Piaget sembra affermare. Se ad esempio si legge il caso di Ost, tipico del primo stadio, sostituendo la parola 'vento' con la parola 'spostamento d'aria', la descrizione-spiegazione del bambino può risultare abbastanza corretta.

Ost (4 anni): "Da dove viene il vento? - *Da fuori*. - Come si fa fuori? - *Sono gli automobilisti*. - Se non ci fossero automobilisti ci sarebbe il vento? - *No*. - Ma sì, ce ne sarebbe ancora. -*Sì, signore*. - Chi può fare ancora del vento? - *Le biciclette, i tram, i cani, la polvere*. - E ancora? - *Gli autocarri*. - Che cosa ancora? - *Le nuvole*. - E ancora? - *Gli alberi?* - E ancora? - *Quando si soffia, quando si scopa."* . CF p. 34-

In quest'ultima intervista l'unico collegamento poco chiaro è quello tra il vento e gli alberi. Tale ipotesi sarebbe propria al secondo stadio, durante il quale "sono gli oggetti in movimento che producono il vento" (CF p. 35). "Questi corpi produttori di vento sono le nuvole, gli alberi, la polvere, le onde, e anche gli astri" (CF p.

35). Li abbiamo già incontrati quasi tutti, nel bam bino come nello scienziato: le nuvole e le onde al punto 16, la polvere al punto 15, gli astri al punto 13. Dobbiamo dunque affrontare l'influenza degli alberi, che i bambini non sempre esprimono spontaneamente nei termini di un preciso rapporto di causa-effetto, ma che pure è presente.

Grat (8 anni): "Da dove viene il vento? - *Dagli alberi.* - Come è cominciato il vento? - *Perché i rami si muovono.* Sono i rami che fanno il vento? - *Sì.* - Ma come si muovono i rami? - *Perché c'è del vento."* - *CF p. 38-*

Gaud (6 1/2): "In che modo si fa il vento? - *E' il buon Dio.* - Come? - *Lui piega.* - Piega che cosa? - *Piega gli alberi.* - E poi? - *Questo li fa muovere, e poi, quando c'è molto vento, questo li fa cadere.* - E' il vento che fa muovere gli alberi o sono gli alberi che fanno il vento? - *Sono gli alberi che fanno il vento."* - CF p. 34-

Si noterà subito la somiglianza tra le parole di Gaud (a parte l'ultima, non troppo spontanea, dichiarazione) ed il passo ben noto:

"La voce del Signore è possente, la voce del Signore è maestosa, la voce del Signore infrange i cedri, il Signore schianta i cedri del Libano (...) la voce del Signore contorce le querce, spoglia le selve." Salmi 29 (28) - 4-9-

A parte questo, l'attribuzione di un'anima agli alberi può essere ritenuta una tendenza generalissima tra i primitivi, tanto che Frazer le intitola un paragrafo (RO I.IX), ed un paragrafo le dedica anche Levy-Bruhl (1927, 1.4). Come ho già ricordato, non è raro trovare adulti che parlano affettuosamente alle piante di casa, mentre le selve ed i boschi sono sempre stati considerati, ancorché dal 'popolino' o da chi li attraversa di notte, un ricettacolo di spiriti.

Più in particolare, per quanto riguarda il vento, "sembra che il culto della quercia o del dio della quercia sia stato osservato da tutti i popoli di razza ariana in Europa" (RO p. 251) a partire dai Greci e dagli Italici. In base a tale convinzione, si ritiene che vi sia coincidenza tra la quercia e la massima divinità, Zeus o Giove o Thor, che è l'entità dominatrice del lampo, del tuono, della pioggia e, appunto, del vento (RO cap. XV). La causa di tutti questi fenomeni meteorologici viene fatta risiedere, da parte di tali culture, principalmente nei boschi. Il tipo di anima (variabile ma sempre artificiali-

111

sta) che viene attribuita alle piante può altresì essere un elemento significativo del passaggio dalla religione animista a quella politeista; così almeno sostiene lo stesso Frazer, secondo cui si verifica tale progresso "quando un albero comincia a essere considerato non più come il corpo di uno spirito arboreo, ma semplicemente come la sua dimora" (RO p. 187). La tendenza è comunque generale.

In certe isole filippine: "quando il vento stornisce tra le foglie gl'indigeni dicono che è la voce degli spiriti." - RO p. 183 -
Presso molti popoli: "Agli alberi considerati come esseri animati si attribuisce il potere di far cadere la pioggia, splendere il sole, moltiplicare le mandrie e le greggi, e far partorire felicemente le donne; poi, che vengon attribuiti gli stessi poteri agli dei degli alberi concepiti come antropomorfici o di fatto incarnati in uomini viventi." - RO p. 187 -

21. Pioggia e nubi

L'uomo viene poi coinvolto, dai bambini di Piaget, anche nel controllo della pioggia e delle nubi. Può esserne responsabile direttamente, attraverso il suscitamento di vapori, oppure indirettamente, tramite la mediazione divina.

Le nuvole (come abbiamo visto al punto 13) sono formate di una sostanza che è simile all'aria ma anche più solida o condensata. Sia per il bambino che per il fisico greco, questa materia è definita come soffio, ma anche come vapore acqueo e vapore terreo, ovvero come fumo, che a sua volta contiene del fuoco. E' insomma un composto non ben chiaro che partecipa di molteplici realtà materiali.

Tra gli elementi preferiti dai bambini, Piaget pone l'accento sul fumo. Richiesti di specificare meglio le caratteristiche di tale fumo, diversi bambini propongono l'esempio del vapore che esce dai camini delle case; qualcuno pensa all'acqua che bolle sul fornello.

Brul (8 1/2): "Di che cos'è il sole? - *Di nubi.* - Com'è cominciato? *E' cominciato col far la palla.* - Da dove veniva questa palla? - *Dalle nubi.* - Di che cosa sono le nubi? - *Di fumo.* - Da dove viene questo fumo? - *Dalle case."* - RM p. 280-

112

Mub (6 1/2): "Donde vengono le nubi? - *Dal cielo.* - Come sono cominciate? - *In fumo.* - Da dove veniva questo fumo? - *Dai camini."* - RM p. 272-

Moc (8 anni): "Da dove vengono le nubi? - *Dal fumo.* - Quale fumo? - *Il fumo dei camini, dei fornelli, poi dalla polvere."* - RM p. 306 -

Marg (10 'anni): "Da dove viene la pioggia? - *Dal cielo.* - Come? - *Sono le nubi, col fumo.* - Da dove viene questo fumo? - *Dai camini* - Come questo fumo forma la pioggia? - *Perché si liquefa."* - RM p. 318-

Secondo Piaget queste risposte dimostrano un artificialismo radicato (benché ammorbidito da alcuni concetti di tipo naturalistico) che sottintende la credenza nella possibilità, da parte dell'uomo, di influire indirettamente sui fenomeni meteorologici, specie "nel senso che un oggetto sorto dall'attività umana, come il fumo delle case ecc. produce la pioggia" (RM p. 318).

Un'attenta lettura dei protocolli piagetiani mi sembra tuttavia suggerire che l'interpretazione di Piaget sia, qui come altrove, un po' forzata, al- fine di assimilare le risposte del bambino agli schemi concettuali della sua teoria. In effetti i bambini dicono talvolta che gli astri sono nuvole, altre volte che le nuvole sono fumo, altre volte che il fumo esce dalle case (come anche evapora dall'acqua o dalla terra). Collegare queste diverse considerazioni in una stessa catena causale rigida ed univoca secondo cui, se D è prodotto da C e C da B e B da A, allora D è prodotto da A, mi sembra un criterio logico non del tutto corretto, e per di più contraddittorio rispetto a molti aspetti della precausalità e della prelogica che lo s tesso Piaget vuole attribuire alla mentalità infantile (3). In realtà il bambino propone diversi esempi di fenomeni connessi (o simili) tra loro, ma non desidera necessariamente ricavarne un principio della termodinamica. Secondo un paradigma non molto diverso da quello applicato dai

---

(3) L'arbitrarietà di tale concatenazione, specie nel caso delle nuvole, è dimostrata dal fatto stesso che (come abbiamo visto al punto 18) una parte dei bambini e dei fisici greco-romani interpreta il tuono ed i lampi come il prodotto dello scontro di nubi (le quali, in quanto corpi celesti, sono anche di pietra oltre che di fuoco, come si è visto al punto 13) il che non potrebbe avvenire se la loro unica natura fosse l'artificialistico fumo delle case, cioè (fenomenicamente) un gas, per quanto semiterreo, e non un solido.

fisici greci, che collegano le nuvole con il vapore ed il fumo, il fanciullo non "spiega le nubi col fumo dei tetti" (RM p. 303-304) bensì piuttosto ritiene che le nuvole ed il fumo partecipino di una stessa natura. I bambini sono molto colpiti dal vapore che fuoriesce dai camini, tanto che (come è noto) lo rappresentano con notevole frequenza nei loro disegni della casa. Così, quando pensano al fumo, non hanno praticamente altri esempi a cui riferirsi (4). Del resto: per molti popoli, privi di camini ma che pure conoscono il fuoco, il legame tra il fumo, le nuvole e la pioggia rimane più o meno negli stessi termini.

> Moc (8 anni): "Viene solo dai camini, il fumo delle nubi? - *Sì, poi quando c'è qualcuno che fa fuoco nei boschi. Quando ero in Savoia,* m *io zio accendeva del fuoco nei boschi, questo faceva del fumo che andava in cielo ed era tutto blu."* - RM p. 306 -

> "Così i Beciuana bruciano di sera lo stomaco di un bave, poiché dicono: 'il fumo nero raccoglie le nuvole e farà venire la pioggia'." RO p. 117-118-

> "Per esempio in Arcadia, quando il grano e gli alberi erano arsi dalla siccità, il sacerdote di Zeus immergeva un ramo di quercia in una speciale fontana del monte Lykeo. Così turbata, l'acqua mandava su una nuvola nebbiosa dalla quale in breve cadeva sul paese la pioggia." - RO p. 124-125-

L'ipotesi avanzata dai fanciulli di Piaget risulta poi meno infantile se si fa attenzione alla spiegazione che forniscono, riguardo alle nubi, alcuni indios.

(4) Il paradigma del pentolone che bolle, come modo di produzione delle nubi, non è solo infantile. Secondo quanto testimonia Biswas, fu tra i primi Vitruvio ad impiegare l'analogia di una vasca da bagno ben calda, in cui l'acqua riscaldata produce vapore che poi si condensa in gocce sul soffitto, per descrivere il meccanismo di produzione delle nuvole e la loro successiva trasformazione in pioggia; "i diversi concetti di Vitruvio vennero in seguito copiati e ripresi, e l'analogia della stanza da bagno è stata ripetuta almeno fino al X secolo dopo Cristo" (Biswas, 1970 p. 84). Per un esempio, tra molti, di tale paradigma valga, nel XII secolo, il caso di Teodorico di Chartres quando descrive la creazione messa in atto da Dio: "Illuminata l'aria per virtù dell'elemento superiore, ne conseguiva naturalmente che, per il tramite della illuminazione della stessa aria, il fuoco dovesse riscaldare il terzo elemento, cioè l'acqua che per il calore si sospese nell'aria in forma di vapori. E' infatti nella natura del vapore dividere l'acqua in' minutissime goccioline, una volta divise, sollevarle per virtù del suo movimento nell'aria, come si può vedere che succede al vapore dei calderoni, e come è chiaro nelle nubi del cielo". Teodorico di Chartres *(Tractatus de operibus sex dierum* XXII, 7) PM p. 128.

Toba (Gran Chaco): "Le nuvole sono formate dal fumo del Grande Incendio che distrusse il mondo, e di tutti i fuochi che bruciano sulla terra." - (A. Metraux) ML vol. 4 p. 450 -

Non bisogna poi dimenticare che il fumo delle case è messo in rapporto coi fornelli, e cioè col fuoco e col calore. Esso è legato ad un processo di carattere alchemico, in base al quale è possibile scatenare artificialmente le forze insite nella materia, e sopratutto quel pneuma-aria che abbiamo visto impregnare di sé tutta la fisica infantile.

Cen (8; 6): "Sai da dove vengono le nubi? - *E' vapore.* - Che cos'è il vapore? - *E' come fumo.* - Da dove viene il vapore? - *Dall'acqua quando bolle o quando sta per bollire."* - RM p. 308 -

L'esempio è calzante poiché in effetti:

"L'ebollizione è provocata dal soffio che si forma nell'acqua ad opera del fuoco." - Aristotele: Meteorologica 370a 6-

Mentre, come ricorda Knowles-Middleton (1965), ancora nel '700 una buona parte della scienza, pure sperimentale e progressiva, spiegava il vapore (naturale o artificiale che fosse) come una mistura di acqua: più fuoco, sempre facendolo derivare dalla bollitura dell'acqua.

Nella gran parte delle culture primitive sono presenti dei riti in base ai quali ci si propone di scatenare la pioggia. Essi consistono principalmente nel creare un legame di simpatia tra azioni umane e azioni della natura o della divinità. Questo legame ha spesso un carattere analogico.

Per Roy (6; 5) la pioggia esce dalle nubi: viene *"dal cielo.* - E l'acqua del cielo? - *Dalle nubi.* - Da dove è venuta, la prima volta, l'acqua? *Quando c'erano molti uomini che hanno sputato."* - RM p. 316-

Manus (Melanesia): "Poi si misero a masticar zenzero, e a mangiare il tubero del *kis.* Vi sputarono sopra, e cominciò a piovere." - (P. Jos. Meier) ML val. 2 p. 285-

La capacità di influire direttamente sulle precipitazioni atmosferiche è testimoniata anche nella Scrittura: da parte di Gesù, colto dalla tempesta mentre è su una barca, ma anche dal più prosaicamente umano Elia di fronte ad Acab.

"Or, si sollevò una tale tempesta di vento che le onde si riversarono sulla barca, in modo che già la barca si riempiva, mentre egli se ne stava a poppa addormentato sopra un guanciale. Lo svegliano e gli dicono: 'Maestro, non t'importa che periamo?' Egli, destatosi, comandò a) vento e disse al mare: 'Taci, calmati!' Il vento cessò e si fece gran bonaccia." - Marco 4, 35-40 -

"Elia, il Tesbita, di Tisbe nel Galaad, disse ad Acab: Com'è vero che vive il. Signore, Dio d'Israele, al cui servizio io sto, in questi anni non cadrà né rugiada, né pioggia, se non quando l'ordinerò io." - I Re 17, 1 - (5)

La presenza di riti, danze e preghiere della pioggia è poi così diffusa e conosciuta che pare inutile riportarne degli esempi (6). Può essere invece interessante rilevare come questo tipo di precausalità sia meno lontano da noi di quello che le analisi di Piaget sembrano voler far credere.

Ad esempio: Frazer, dopo aver ricordato che:

"Quando i Siamesi han bisogno di pioggia, espongono i loro idoli al sole cocente, ma se vogliono il tempo secco, levano il tetto ai templi, e lascian che la pioggia si rovesci sui loro idoli, credendo che la sofferenza a cui gli dei son così assoggettati li indurrà ad esaudire i desideri dei loro fedeli.': - RO p. 120 -

aggiunge, con buona pace dei miei compatrioti, il seguente episodio:

"Il lettore potrà sorridere della meteorologia dell'Estremo Oriente, ma metodi esattamente simili a questi erano in uso nell'Europa cristiana fino a non molti anni or sono. Alla fine del-

(5) A proposito di artificialismo metereologico, è interessante notare il caso di Oresme che, come sintetizza Thorndike, "rifiuta la dottrina secondo cui l'anima o l'intelletto o l'immaginazione possono muovere altri corpi oltre al proprio o produrre la pioggia" (HMES v. 3 p. 462), concezione tipica del mondo arabo medievale che abbiamo già vista espressa nella teoria dei 'raggi mentali' di Al-Kindi al punto 6. Tale confutazione, mossa evidentemente dalla volontà di contrastare una concezione assai diffusa al suo tempo, non è però un segno di raggiunta astrattezza formale sul piano cognitivo. La lettura del testo di Oresme *(Codice Ashburnham 210* fol. 38v - HMES v. 3 p. 1934 nota) mostra infatti che egli si oppone ad Avicenna, ad Agazel, ed a tutti gli altri che sostenevano la capacità dell'uomo a far piovere per mezzo del pensiero, solo perché ritiene che essi abbraccino una simile tesi con l'unico scopo di non ammettere che tanti fenomeni siano miracoli prodotti da Dio.

(6) Per un ricco campionario sol tema si può vedere, tra gli altri, il capitolo "Il facitore di pioggia" del volume di Roheim (1972 p. 93-106) sull'animismo. Il suscitamento della pioggia e delle nubi da parte dell'uomo, nonché le relative teorie meteorologiche, vengono descritte (con riferimento a numerosi resoconti etnografici di diversi autori) in tutte le versioni che Piaget ritrova nei bambini di Ginevra, compresala produzione di fumo e lo spargimento di acqua o di orina.

l'aprile del 1893 in Sicilia minacciava disastro per la mancanza d'acqua. La siccità era durata sei mesi. Ogni giorno il sole si levava e tramontava in un cielo azzurro senza una nuvola. I giardini della Conca d'Oro, che circondavano Palermo d'una stupenda corona di verdura, languivano tutti. Il cibo diveniva scarso e la popolazione era in grande allarme. Tutti i più accreditati mezzi di procurar la pioggia erano stati prova ti senza alcun risultato: le processioni avevan attraversato le strade e i campi; uomini, donne e fanciulli avevano vegliato intere notti dicendo il rosario, prosternati dinanzi alle immagini sacre. Candele consacrate bruciavano notte e giorno nelle chiese e rami di palma, benedetti nella domenica delle Palme, erano stati appesi agli alberi. A Salaparuta, secondo un antichissimo costume, la polvere spazzata dalle chiese nella domenica delle Palme era stata sparsa sui campi. Nelle annate ordinarie queste sante spazzature son sufficienti a salvare il raccolto, ma quell'anno, chi lo crederebbe!, non ebbero nessun effetto. A Nicosia gli abitanti a piedi scalzi e a capo scoperto portarono i crocefissi per tutti i quartieri della città e si flagellarono l'un l'altro con fruste di ferro. Invano. Persino il grande san Francesco da Paola, che compie ogni anno il miracolo della pioggia e viene portato ogni primavera pei giardini della città, o non poté o non volle prestare il suo aiuto. Messe, vespri, concerti, illuminazioni, girandole, nulla poté piegarlo. Alla fine i contadini cominciarono a perdere la pazienza. La maggior parte dei santi furono banditi. A Palermo scaricarono S. Giuseppe in un giardino perché vedesse da sé lo stato delle cose, e giurarono di lasciarlo lì al sole finché non venisse la pioggia. Altri santi furono voltati con la faccia contro il muro come dei bambini cattivi. Altri, spogliati dei loro bei paramenti, furono esiliati lontano dalle loro parrocchie, minacciati, o immersi negli abbeveratoi dei cavalli. A Caltanisetta le ali d'oro di san Michele Arcangelo gli furono strappate dalle spalle e sostituite con ali di cartone; gli venne tolto il bel manto di porpora ed in cambio l'avvolsero con degli stracci. A Licata il santo patrono sant'Angelo si trovò anche peggio, perché fu lasciato assolutamente senza vestiti, ingiuriato, messo in catene e gli si minacciò di affogarlo o d'impiccarlo. 'O la pioggia o la corda!' gridava il popolo irato, mostrandogli i pugni sul viso." - RO p. 120.-121 -

Anche il pensiero infantile esprime apertamente il rapporto che lega la pioggia con la volontà divina. Lo stesso avviene, ad esempio, nella Scrittura per quel che concerne il temporale.

Rey (7 anni): "Ci si accorge quando sta per cadere la pioggia? -

117

No, vediamo soltanto le nubi. - Perché ci sono nubi quando sta per piovere? - *Perché il buon Dio è irritato."* - RM p. 322 -
"Si riempie le mani di folgori e fissa loro il bersaglio. Il suo tuono ne annuncia la venuta, zelo d'ira contro l'iniquità." - Giobbe 36, 32-33 -

Quando l'artificialismo è integrale, le precipitazioni atmosferiche *sano* il prodotto di un intervento quasi manuale. Ne è un esempio. il caso della neve, più solida e quindi più materiale, la cui origine viene spiegata, dai bambini e da alcuni fisici greci, con lo stesso paradigma del setaccio-annaffiatoio di cui si servono i fabbricatori di effetti cinematografici.

Bois (5 1/2): "Come si forma la neve? - *La fanno dei signori.* - Come? - *La fanno alta alta.* - Che cosa vuol dire? - *La costruiscono.* - Come avviene che cade? - *Fanno dei piccoli buchi.* - Dove? - *In cielo."* - RM p. 325-

"La neve si può formare quando acqua sottile si riversa dalle nubi attraverso pori simmetricamente adatti sotto la continua e violenta pressione di nubi adatte." - Epicuro: Pitocle 107-

In certi casi: il bambino descrive la pioggia in cielo secondo criteri assai simili a quelli con cui l'acqua si presenta sulla terra.

Don (5 1/2): "Ci sono fontane in cielo? - *Talvolta ci sono dei ruscelli."* - RM p. 317 -

Gril (7 anni): dice che la pioggia è acqua che viene dal cielo. "Com'è venuta quest'acqua? - *In basso.* - Dove, in basso? - *Nelle fontane.* Come va in cielo? - *Con dei tubi.* - Dove sono questi tubi? - *Nella strada.* - Da dove partono? - *Dalle Fontane o dal canale.* - Fin dove vanno? - *Fino in cielo."* - RM p: 317 -

Il fatto che lo scorrere di acque sulla terra sia in qualche modo simmetrico allo scorrere di acque nel cielo non è poi estraneo al pensiero adulto. Ad esempio: "gli egiziani credevano che il Nilo avesse due nature: una, il Nilo d'Egitto, l'altra il Nilo celeste che scorre per il firmamento. e che può essere visto sotto forma di un fiume luminescente (la Via Lattea)" (Biswas, 1970 p. 109-111). Analogamente "Nelle religioni semitiche orientali e occidentali ricorre frequentemente l'immagine del cielo. come 'acque superiori' o massa liquida" (Di Nola,. 1970 c. 160), mentre nella cosmologia ebraica "il mare superiore (o cielo.) era formata di acque dolci e dava origine alla pioggia e alla fecondità" (ivi c. 161).

L'idea di una corrispondenza tra le acque terrestri e quelle celesti apparirà quindi meno assurda a chi ricordi che nel cosmo biblico, accanto all'oceano terrestre, esiste anche l'oceano celeste, le cui caratteristiche sono anzi al centro del dibattito cosmologico medievale, tanto che in CM vengono riportati non meno di otto interventi sul tema specifico. In questa sede mi limito a ricordare qualche passo in cui vi fa cenno la stessa Scrittura.

> "Dio disse: 'vi sia fra le acque un firmamento, il quale separi le acque dalle acque'. E così fu. E Iddio fece il firmamento, separò le acque che sono sotto il firmamento da quelle che sono al di sopra; e chiamò il firmamento 'cielo'. E fu sera e mattina: secondo giorno." - Genesi 1, 6-8 -
> "E il diluvio continuò sulla terra per quaranta giorni (...) Le acque sorpassarono di quindici cubi ti le vette dei monti e questi rimasero sommersi (...) Poi (...) le fonti dell'abisso e le cateratte del cielo furono chiuse e cessò la pioggia dal cielo." - Genesi 7, 17-8, 2 -

Analogamente a quanto avviene nella Bibbia, il bambino pensa alla pioggia come ad un serbatoio od un rubinetto che può venire aperto o chiuso dalla volontà divina. Nella maggior parte delle occasioni, "tuttavia, l'acqua della pioggia è attribuita a una fabbricazione propriamente detta, ma è spesso lecito chiedersi, date le reticenze e i risolini dei piccoli, fino a che punto i 'rubinetti' o i tubi ch'essi invocano non abbiano in certi casi (non supponiamo nulla di più) un senso simbolico abbastanza chiaro" (RM p. 316-317).

> Griar (5 1/2): "Che cos'è la pioggia? - *Acqua.* - Da dove viene? - *Dal cielo.* - C'è dell'acqua in cielo? - *E' il buon Dio* c *he la fa venir giù.* - In che modo? - *Versa fuori dei secchi d'acqua.* - Chi te l'ha detto? - *Nessuno.* - Dove prende l'acqua, il buon Dio? - *Nel suo rubinetto.* - Da dove viene, l'acqua del suo rubinetto? - ... (ride)." - RM p. 317-

Qualcosa di simile avviene anche, secondo Piaget, a proposito della genesi dei corsi d'acqua. L'interesse, di alcuni casi relativi alle fonti terrestri, "risiede nell'origine fisiologica che il fanciullo attribuisce all'acqua: sono uomini che hanno sputato. Essendo noti gli interessi dei piccoli, è probabile che questa formula non sia che un modo garbato di dire cose ancor più prosaiche. Può sembrare di cattivo gusto supporre che i fanciulli pensino alla minzione a proposito dell'origine dei fiumi. Abbiamo tuttavia la certezza che pensieri simili attraversano lo spirito dei fanciulli mentre li interroghiamo." (RM p. 331).

119

Ju (7 anni): ammette, come Roy, che i fiumi sono stati scavati dagli uomini e che l'acqua provenga dalle fon tane e dai tubi. "E l'acqua dei tubi com'è cominciata? - ... Ju diventa rosso). - Dimmi quel che pensi. Non importa se non è giusto. - ... *Dai gabinetti.* - E l'acqua dei gabinetti? - ... Ju, sempre più rosso, ha le lacrime agli occhi; allora cambiamo argomento)." - RM p. 331-

Una convinzione del genere è presente, ad esempio, presso alcuni indios, secondo cui:

Guarjiro (Colombia): "Quando si ode il tuono è nostro nonno che è ubriaco e sparge acqua sui nipoti." - J. Candmont) ML val. 4 p. 141 - (7)

Un esempio più significativo si potrà però trovare riandando con la memoria ad una nota commedia di Aristofane, che si intitola appunto 'Le nubi' ed è incentrata sugli stessi temi meteorologici che Piaget affronta nei suoi scritti. E' importante sottolineare come tale commedia sia un violentissimo attacco contro Socrate e la filosofia nuova, ritenuta falsa e corruttrice. L'opera (che alcuni storici sospettano sia stata direttamente commissionata a pagamento da gruppi politico-intellettuali ostili al filosofo) vedeva da una parte Socrate, proposto come un millantatore che con i giochi di parole della filosofia mena tutti per il naso ed elude la realtà, e dall'altra Strepsiade, che incarna l'ottusa ma profonda saggezza del popolo, genuinamente aliena dai pasticci della filosofia e dalle frasi difficili. Un punto fondamentale dell'incontro tra i due protagonisti è incentrato sulla volontà di Strepsiade a sostenere una teoria che, come ci informa il curatore dell'edizione italiana, sarebbe già stata propugnata da Anassagora di Clazomene.

"Socrate (inneggiando alle nuvole testé apparse sotto forma di donne): Solo queste sono divinità, le altre san tutte ciarle. -
Strepsiade:
Ma, in nome della terra, dimmi un po': per voi, Giove, quello di Olimpia, non è dio? -
Socrate: Quale Giove? Non dire frottole! Giove non esiste.
Strepsiade: Ma che dici? Chi fa piovere allora? Sentiamo! -
Socrate (indicando le nubi): Queste, senza dubbio: te lo dimostrerò con prove sicure. Quando mai hai visto che Giove faccia piovere senza nubi? Dovrebbe far piovere a ciel sereno, quando queste non ci sono. -

(7) Il termine *nonno* può essere letto con riferimento ad una divinità superiore con cui si possono avere rapporti di discendenza.

Strepsiade: Per Apollo, hai risolto bene la difficoltà. E ici che prima credevo che fosse davvero Giove a mingere in un crivello." - Aristofane: Nubi p. 217-217 -

La negazione che qui viene fatta di Giove come signore dei fenomeni meteorologici, pure contrastata in termini apparentemente banali e goliardici (ma anche tragici alla luce degli sviluppi successivi per la vita di Socrate), è emblematica di tutto uno scontro interno alla nuova filosofia dei Greci, tanto che (strano ma, pare, vero) sarà proprio questa l'empietà socratica di cui parla Bacone quando sottolinea: "Né si deve trascurare il fatto che in tutte le età la filosofia naturale ha trovato un avversario molesto e difficile nella superstizione e nello zelo religioso cieco e smodato. Prendiamo ad esempio coloro che, presso i Greci, per primi resero note le cause naturali del fulmine e dei temporali agli uomini che ne erano ancora del tutto ignari; costoro furono a tal titolo condannati per empietà verso gli dei" (Bacon, 1620 p. 65).

22. Varie

Tra i molti casi in cui l'artificialismo infantile si trova imparentato con modelli di pensiero adulto, ce ne sono ancora altri, di carattere più o meno generale, che vale la pena di riprendere, se pure brevemente. Alcuni di questi testimoniano di un notevole parallelismo fra l'adulto e il bambino.

Secondo Piaget, la gran parte dei fanciulli ritiene che le nuvole e gli astri si muovano in concomitanza (o forse in analogia) con i nostri movimenti. Ne riporta diversi esempi.

Sala (8 anni): "Hai già visto le nuvole che vanno? Che cos'è che le fa andare avanti? - *Quando si va avanti, anche loro vanno avanti.* - Anche tu puoi farle camminare? - *Tutti, quando si cammina.* - Quando io cammino e tu rimani tranquillo, loro avanzano? - *Sì.* - E la notte, quando tutti dormono, loro vanno avanti? - *Sì.* - Ma tu dici che loro camminano quando cammina qualcuno! - *Loro vanno avanti sempre. I gatti, quando camminano, poi i cani, questo fa andare avanti le nuvole."* - CF p. 54-

121

Hub (6 1/2): "Che cosa fa il sole quando cammini? - *Si muove.* - Come? - *Viene con me.* - Perché? - *Per illuminare, perché ci si veda.* - Come fa il sole a venire con te? - *Perché lo guardo."* - RM p. 221 -

Juli (10 anni): "Che cos'è che fa andare avanti le nuvole? - *E' quando si cammina."* - CF p. 55-

Lo stesso problema viene affrontato anche da Laurendeau e Pinard (1962, cap. 1I1A) i quali tuttavia, nonostante la loro osmosi col pensiero piagetiano, ritengono che tali risposte siano dovute in buona parte ad "una mancanza di insistenza da parte" dell 'esaminatore, che in tal caso raccoglie le soluzioni più superficiali e più facili" (Laurendeau e Pinard 1962 p. 161), nonché all'involontario suggerimento, da parte dell'intervistatore, di risposte artificialistiche in quanto la domanda è spesso mal posta. Secondo loro (ivi p. 161) occorrerebbe chiedere "Come avviene che le nubi avanzino?" invece di "Che cos'è che fa avanzare le nubi?" perché questa risposta verrebbe facilmente fraintesa come se fosse "Chi è che fa avanzare le nubi?". In pratica: per Laurendeau e Pinard "in quasi tutti i casi si trova l'artificialismo divino, che costituisce il carattere più generale di questo stadio" (ivi p. 164-165), che è il primo della precausalità, mentre l'artificialismo di 'influenzamento diretto' da parte del soggetto risulta assai raro. In altre parole: conformemente a buona parte della storia del pensiero, i movimenti delle nuvole e degli astri sono ancora una volta connessi alla volontà celeste. I due autori riportano quindi diversi casi di artificialismo divino ma- un solo esempio di artificialismo umano diretto, nel quale peraltro l'idea che le nubi ci possano seguire è solo la terza spiegazione dopo quella secondo cui sono mosse dal buon Dio e quella secondo cui camminano da sole (ivi p. 165).

La sensazione che le nubi si muovano con noi, ipotesi del tutto omogenea al modo in cui noi percepiamo fenomenicamente il movimento dei corpi lontani (8), non si direbbe dunque tanto diffusa, come spiegazione, quanto Piaget pretende. Essa è altresì presente anche

(8) E' noto che, dal punto di vista di un soggetto in movimento, gli oggetti" lontani si muovono fenomenicamente nella direzione in cui si muove il soggetto mentre quelli vicini procedono in senso contrario. Il fenomeno è ancora più notevole se il soggetto si muove rapidamente, come ognuno può sperimentare guardando fuori dal finestrino di un treno, o di un'automobile, in corsa.

nel pensiero adulto, secondo modalità qualitativamente e quantitativamente simili al suo effettivo peso nella mentalità infantile. Frazer, tra gli altri, riporta diversi esempi in cui il camminare del sole e quello degli uomini vengono messi in stretta relazione, particolarmente nel caso in cui si verifichi un'eclisse. In tale occasione, presso gli indiani Chilcotin:

> "Uomini e donne si succingevano le vesti, come facevano in viaggio, e quindi appoggiandosi a bastoni come se fossero carichi di grandi pesi seguitavano a' camminare in cerchio finché l'eclissi non fosse finita. A quel che sembra, speravano così di sostenere i cadenti passi del sole, mentre esso si trascinava nel suo stanco circolo in cielo. Similmente, nell'antico Egitto il re, quale rappresentante del sole, camminava solennemente intorno alle mura di un tempio per assicurare che il sole compisse il suo giornaliero viaggio in torno al cielo, senza interruzione d'eclissi o d'altro accidente. Dopo l'equinozio d'autunno, gli antichi Egizi celebravano una festa detta 'la natività del bastone del sole' perché, siccome la grande lampada declinava ogni giorno nel cielo, e la sua luce e il suo calore diminuivano, si supponeva che avesse bisogno d'un bastone su cui appoggiarsi." - RO p. 126-

La capacità dell'uomo a controllare direttamente il corso degli astri è poi ampiamente testimoniata nella Bibbia: quando Ezechia (Il Re 20, 8-11) fa retrocedere il sole di 10 gradi, ovvero nel frangente in cui:

> "Giosuè si rivolse al Signore, in quel giorno in cui Dio diede l'Amorreo in potere d'Israele, e gridò al cospetto di tutto il popolo: 'O sole, fèrmati su Gabaon, e tu, o luna, sulla valle di Aialon!' E il sole si fermò e la luna ristette." Giosuè 10, 12-13 -

Un altro esempio di artificialismo si verifica secondo le ricerche di Piaget, nei primi livelli del pensiero precausale, per quanto concerne lo scorrere dei fiumi. In questo caso, "il bambino non comprende ancora che è il peso che trascina in basso l'acqua" (CF p. 81) per cui fornisce delle spiegazioni di carattere più o meno animistico secondo cui l'acqua si muove perché dotata di una spontanea tendenza a scorrere. Su tale corsa influiscono, sempre secondo il bambino, le pietre che si trovano sul letto del fiume, le quali danno luogo a onde in superficie, ovvero contribuiscono con il gradino da esse formate allo scivolare delle acque; la corrente può inoltre venire rinforzata

123

dal soffiare del vento. Dicono infatti bambini, a proposito delle onde:

Not (10 anni): 1 sassi *"sono alti. L'acqua passa sopra e questo fa delle onde.* - Occorrono sempre dei sassi per fare delle onde? - *No.* - Come si fanno? - *Sì, ci vogliono dei sassi."* - CF p. 77-

Chal (9 anni): "Che cosa sono le onde? - *Sono le pietre che fanno sali-re* (l'acqua) *e che fanno ridiscendere.* - Ma sul lago, che cos'è che fa le onde? - *Anche le pietre."* - CF p. 77-

Ora: questa spiegazione, del secondo livello di precausalità secondo Piaget, è in effetti 'esatta' per quel che concerne i fiumi (nei quali le onde sono prodotte appunto dai rilievi del fondo) e non si capisce quindi perché dovrebbe rappresentare una modalità di pensiero inferiore; caso mai il contrario. Questa ipotesi presenta un solo limite: non è l'unica spiegazione per tutte le onde poiché, ad esempio nel caso del mare o del lago, vi si aggiunge il gioco dei venti, che peraltro i bambini (e molti adulti) incorporano nel concetto generico di corrente (acquea o aerea).

Per quanto concerne più precisamente lo scorrere dei fiumi, è poi notevole il fatto che il pensiero classico, pure molto attento a descrivere con precisione tanti fenomeni, non abbia affatto le idee chiare su questo tema.

Stei (5 1/2): l'acqua dell'Arve avanza *"perché va forte. C'è della corrente."* La corrente è *"corrente d'aria."* "Dov'è la corrente d'aria? - Dappertutto ... E' l'acqua che fa corrente."* E ancora: "Come fa della corrente d'aria? - *Perché va forte.* - Ma perché va forte? - *Perché certe volte c'è il vento che la spinge."* - CF p. 84-

Aristotele (?): "Alquanti dissero che le acque escono di fiumi, come esce il vento dall'aere infino che si vuota." - 50a -

Tommaso (?): "Furono altri che dissero che l'acque de fiumi escono delle caverne della terra ove se radunano l'acque piovane, come il vento esce del otre infiammato." - 50b - Aristotele-Tommaso (?): Opera nuova -

Bab (8; 11): "Perché l'acqua dei fiumi scorre? - *Perché c'è della corrente.* - Perché c'è della corrente? - *E' l'acqua che ne ha fatta.* - Perché la fa? - *Per fare andare avanti l'acqua."* - CF p. 83 -

Ferecide di Siro, con Talete: "Afferma poi che causa del moto dell'acqua è uno spirito che vi è insito." - Aponio *(In Canticum Canticorum* 3.5) PS 7.A.5 -

124

La titubanza relativa alle vere cause dei movimenti delle acque appare del resto consona alla fisica di chi (come Piaget sembra dimenticare) non conosce la legge di gravitazione universale. Aristotele, ad esempio, utilizza sì il concetto di peso, ma solo come una possibilità tra le al tre e senza eccessiva convinzione. Seneca tenta invece una giustificazione meno animista e decisamente più antropomorfa.

"Infatti per qualsiasi causa il mare al principio si sia situato nel luogo attuale, o per il peso, come alcuni anche fra questi pensatori [Democrito e contemporanei] affermano (perché questa è la causa che appare più immediatamente), o per qualche altro motivo, è chiaro che risulta la necessità che per la stessa causa debba rimanervi per il tempo restante." - Aristotele: Meteorologica II 3, 17-21 -

"Come la febbre quartana viene alla stessa ora, e la podagra corrisponde ad un'ora precisa, e le mestruazioni, se nulla vi osta, si mantengono ad un giorno determinato, e il parto è pronto al suo giusto mese; così le acque hanno intervalli durante i quali si ritraggono ed altri in cui ritornano." - Seneca: Questioni III 16.2-

Né va dimenticato che per tutto il medioevo è diffusissima la convinzione, di origine greca, secondo cui tutte le acque si raccolgono in un grande abisso collocato sotto terra da cui i fiumi fuoriescono per poi ritornarvi senza che nessuno, nella spiegazione di tale processo, tenti di fare intervenire quella "idea di peso" che secondo Piaget "verso i 10-11 anni (...) interviene nettamente nella spiegazione del movimento dei fiumi" (CF p. 87) o di riferirsi più semplicemente alla pendenza del letto fluviale come, secondo l'epistemologia genetica, fanno i bambini di 9 anni.

Aristotele aveva dedicato un capitolo quasi intero della Meteorologica (libro I cap. XIII) a discutere se i fiumi escono dalle montagne o se invece, come sostengono alcuni:

"L'acqua, sollevatasi per azione del sole e ricaduta sotto forma di pioggia, si raccoglie sotto terra e ne scorre via come da una grande cavità, unica per tutti i fiumi o diversa per ognuno." - Aristotele: Meteorologica 349b 2-5 -

Di questa cavità, spesso chiamata Tartaro, parla anche Socrate, nella versione di Platone, attribuendola ai Pitagorei.

"In questa voragine confluiscono tutti i fiumi, e da questa di nuovo tutti quanti refluiscono fuori." - Platone: Fedone 112a-

125

Per i molti esempi medievali, valga quello di Ugo di San Vittore.

"Le acque furono tratte in superficie attraverso canali e vie nascoste da quel grande abisso come da una sorgente sepolta nelle viscere della terra, e furono indirizzate per ogni dove negli alvei preposti all'irrigazione dell'intero suolo terrestre con un meraviglioso ed instancabile flusso che ne determina, con legge perenne, l'allontanarsi ed il rifluire sempre nel medesimo luogo."
- Ugo di San Vittore *(De sacramentis christianae fidei* I 1, XXI-XXIV) CM p. 191 -

La distorsione animistica, nei resoconti dei fanciulli, è dimostrata anche dal fatto che almeno una parte dei più piccoli ammette facilmente che i fiumi possano scorrere in direzione inversa a quella abituale, ovvero dalla persistenza di alcuni "nell'attribuire al vento la corrente dei fiumi, qualunque sia l'origine del vento" (CF p. 84).

Vel (7; 8) ci indica la giusta direzione della corrente dell' Arve, ma aggiunge:. *"Certe volte va nell'altro senso. -* Perché? - *Perché certe volte lei* (la corrente) *si gira."* - CF p. 84-

Blan (6 anni): l'acqua dell' Arve avanza perché *"il vento, lui vince"*, *"perché il vento ritorna nell'acqua."* Ma, d'al tra parte, l'acqua, quando non c'è vento, *"scorre lo stesso"*, perché *"fa della corrente. -* Che cos'è la corrente? - *E' la tramontana."* - CF p. 84-

"limare manda fuori i fiumi per mezzo dei quali la terra viene irrigata come il corpo dell'uomo dal sangue delle vene (...) Alcuni fiumi escono dal mare impetuosamente, altri lentamente, a seconda dei venti" Ildegardo di Bingen *(Subtilitates* Il, 3-5) HMES v. 2 p. 132-

Un altro caso di precausalità infantile riguarda il problema del galleggiamento. Secondo molti bambini, ad un livello intermedio della precausalità, la spiegazione più diffusa di fronte ad un battello che rimane sulla superficie dell'acqua "è quella che fa appello al movimento stesso del battello" (CF p. 128). La concezione di fondo che caratterizza il ragionamento di questi bambini è "l'identificazione di peso e forza, e l'assimilazione del galleggiamento a una specie di volo planato" (CF p. 121).

Tale assimilazione è facilmente reperibile nel medio evo. Anche Leonardo coglieva questa grande analogia, sebbene ponendo l'accento sulla lievitazione aerea.

Mart (9; 7): "Perché i battelli grandi restano sull'acqua? - *Perché hanno delle macchine. -* E quando sono ferme? - *Loro si*

126

attaccano, mettono delle grosse catene. - E i battellini? - *E' a forza di*

remare. - E se si smette? - *E' lo slancio che li fa star su.*" - CF p. 128-129 -

"L'aria è tutto ciò che, simile al vuoto, si vede dalla terra sino alla Luna, dalla quale deriva lo spirito vitale. Vi volano gli uccelli poiché si tratta di un elemento umido, come nell'acqua nuotano i pesci." - Onorio di Autun *(De imagine mundi libri II!* I, LIII) CM p. 172 -

"Il nuotare sopra dell'acqua insegna alli omini come fanno li uccelli sopra dell'aria." - Leonardo: Scritti *(Codice Atlantico* 66r b) p. 80 (9) -

Piaget constata poi che i bambini, fino a 9 anni, ritengono che, a parità di volume, il legno è più pesante dell'acqua, mentre affermano contemporaneamente che esso galleggia perché è più leggero (CF p. 122). E' molto stupito di questa 'contraddizione' e la interpreta in questo modo: "per lui il peso non è più, è vero, direttamente proporzionale al volume (come era il caso per i bambini dei livelli precedenti), ma è proporzionale alla densità apparente: il legno è più pesante dell'acqua perché 'è stretto' "(CF p. 123).

La questione risulta molto complicata, specie per dei bambini che abitano sulla riva di un lago (quello di Ginevra) e quindi hanno esperienza concreta di galleggiamenti, dal fatto che vi sono legni più leggeri (in peso specifico) dell'acqua e legni più pesanti, mentre la capacità (per uno stesso tipo di legno) di galleggiare può dipendere dalla forma, dalla concavità, dell'oggetto (barca, bastone, ecc.) di cui rappresenta il materiale costitutivo. Si tratta insomma di un problema

(9) Sarà utile sottolineare come sia proprio la continuità 'precausale' tra galleggiamento e volo, ovvero la convinzione che per mantenersi in equilibrio su di un fluido (liquido o gassoso) è necessaria una spinta costante, che ha creato il maggiore ostacolo all'effettuazione del volo umano. Le macchine per volare di Leonardo, e in genere tutti i progetti del genere fino almeno al XIX secolo, sono studiate per *nuotare* nell'aria. Solo quando ci si rende conto che si può galleggiare nell'atmosfera (possibilità che oggi pare ovvia ma che ha avuto bisogno di molte ipotesi, e dei palloni aerostatici, per affermarsi) diventa possibile capire la natura del volo. In un certo senso: solo apparentemente Leonardo osservava il volo degli uccelli, mentre forse si limitava a riconoscere (o proiettare) in essi le proprie esperienze balneari. Sembra insomma che, a proposito del galleggiamento (nel mare o nel cielo), per molti scienziati non si sia verificato il caso occorso secondo l'interpretazione di Piaget quando, dopo avere fatto lungamente riferimento a "ragioni di ordine dinamico. Infine, verso i 9 anni, il bambino comincia a capire la vera funzione della relazione fra il peso del battello e quello del liquido" (CF p. 117).

piuttosto intorbidato. E' notevole però che anche Democrito ed Aristotele si siano fatti coinvolgere nello stesso 'pasticcio' di strettezza e leggerezza.

"Il pesante e il leggero, dunque, sono definiti da Democrito mediante la grandezza: se infatti tutte le singole sostanze potessero venir separate, egli dice che, per quanto fossero differenti di forma, avrebbero per natura il peso proporzionale alla grandezza (...) Altrove, invece, dice semplicemente che leggero è ciò che è sottile." - Teofrasto *(De sensu* 61-62) PS 68.A.135 -

Lo (6 1/2): *"L'acqua è più leggera perché è più sottile."* - CF p. 123 - Mus (9; 8): *"Il legno è più pesante perché è più spesso."* - CF p. 123 - Aristotele (?): "Anche dico che le navi affondano più presto nell'acqua dolce, che nelle acque salse, et questo adviene per la sottigliezza dell'acqua dolce, et per la gravità dell'acque salse." - Aristotele-Tommaso (?): Opera nuova 74b-7 5a -

Il legame causale tra galleggiamento, peso assoluto e peso specifico è in realtà una costruzione sviluppata solo dalla nostra più recente cultura. Nonostante la ben nota 'legge' di Archimede, Pietro Abelardo, nell'affrontare l'annoso problema delle acque sopra-celesti, dimostra di fare una 'confusione' anche peggiore di quella infantile.

"Ci si domanda com'è che il fuoco e l'aria possano sostenere la sostanza dell'acqua che è più pesante, ma senza alcun dubbio la fluidità e la leggerezza dell'acqua può essere tale che, vista la gran massa di fuoco e d'aria ad essa sottoposta, essa può essere sostenuta egualmente da questi elementi, così come l'acqua sostiene legni e pietre per quanto siano di natura terrea e quindi più pesanti." - Pietro Abelardo *(Expositio in hexaemeron* coll. 741) CM p. 105-

Tra i casi di artificialismo del primo stadio, a proposito di come si sono formati i fiumi ed i laghi, avviene poi che "si possono distinguere alcuni fanciulli, probabilmente i più primitivi, che precisano le origini dell'acqua e le considerano come fisiologiche" (RM p. 330). Abbiamo già incontrato al punto 22 una forma di tale antropomorfismo, a proposito del meccanismo della pioggia. Un'altra parte dei fanciulli fa riferimento ad una sorta di traspirazione prodotta dal caldo. Questo paradigma era molto diffuso nella fisica classica per spiegare la formazione, e specialmente la salinità, del mare.

Roy (6 anni): "Che cos'è un fiume? - *E' una buca, e poi c'è dentro*

128

l'acqua. - Com'è cominciata questa buca? - *L'hanno fatta gli uomini.* - Da dove viene, l'acqua? - *E' perché quando fa caldo, questo fa acqua.* - Cosa vuoi dire? - *E' il calore.* - Ma come? - *Perché sudiamo e poi siamo bagnati."* - RM p. 331 -

" ... il mare sudore della terra." - Empedocle (frammento) in Aristotele: Meteorologica 356a 24-

"Secondo Antifonte (il mare è) 'sudore' ... dovuto al caldo." - Aezio (III, 16,4) PS 87 .B.32-

Sempre nel primo stadio dell'artificialismo, il bambino esprime diverse concezioni sull'origine dei sassi e della terra. "La prima consiste nel dire che la terra è fatta di sassi e i sassi di terra (...) In secondo luogo, i sassi son fatti con pezzettini di sasso (...) In terzo luogo, in qualche fanciullo (non in tutti, ma in un gran numero) si trova l'idea che i pezzettini di pietra 'spuntino' al modo delle piante: esistono 'semi di sassi' che 'danno sassi' o 'si piantano', 'spuntano', ecc." (RM p. 345).

L'idea secondo cui il sasso può venire considerato come un seme non è ignota al pensiero adulto, che anzi ha talvolta ceduto ad un artificialismo ben più radicale.

"Noti sono i fatti che concernono Deucalione e Pirra. E che essi crearono gli uomini gettando sassi all'indietro lo testimonia Acusilao." scoliasta *(in Pindarum* 01. 9, 70a) - PS 9.B.38 -

A parte questo caso (molto particolare e 'mitico'), è altresì facile trovare esempi meno azzardati. Se ad esempio si mostra al fanciullo un ciotolo levigato, non è raro che egli lo descriva come se fosse fabbricato dall'uomo. In uno stadio più evoluto penserà invece ad una trasformazione dell'acqua per evaporazione. Anche queste spiegazioni emergono non di rado nella fisica classica.

Bouv (9; 1/2): "Come sono cominciati, i sassi? - *Di terra.* - Come la terra è diventata un sasso? - *Si è indurita.* - Perché? - *E' rimasta a lungo così, poi si è indurita.* - In che modo? - *A causa del sole. Fa caldo, e così fa indurire."* - RM p. 349 -

Antistene Eracliteo dice: "Che dall'acqua che si essica e si solidifica derivano le pietre e la terra." - AristoteIe (?) *(Problemata* 23, 30.934b 33) PS 66.2-

"In breve, è la natura dell'acqua, come voi sapete, di venire trasformata in terra attraverso una predominante virtù terrosa;

129

voi sapete anche, che è nella natura della terra di venire trasformata in acqua attraverso una' predominate virtù acquosa (...) Le pietre sono formate, dunque, sia con la coagulazione di acquosità a causa di una qualità dessicativa terrosa, sia a causa dell'essicamento dovuto al caldo." - Avicenna *(De congelatione et conglutinatione lapidum)* SBMS 78 -

"Se mettiamo su del fuoco dell'acqua densa, essa si condensa sempre più e si trasforma in sostanza petrosa." - Guglielmo di Conches *(Closae super Platonem* LI) PM p. 206 -

Blau (6 anni): anche in campagna ci sono sassi *"Perché hanno piantato dei sassi. - Sassi di che cosa? - Semi di sassi."* - RM p. 345-

Biase (6; 6): "Perché questo sasso è rotondo? *-Per far fuoco.* - In che modo? - *Ci si picchia sopra.* - Con che cosa? - *Con un martello."* - RM p. 348-

"Democrito poi ed alcuni altri dicono allora che gli elementi son dotati di anima e che queste anime sono la causa della formazione delle pietre, perché (Democrito) afferma che l'anima si trova nella pietra come un qualsivoglia altro seme di cosa generabile; ed esse (anime) muovono l'elemento calorifico nell'interno della materia durante la formazione della pietra nello stesso modo che vien *mosso* dal fabbro il martello per produrre una scure o una sega." - Alberto Magno *(De lapidibus* I 1,4) PS.68.A.164-

Piaget dedica 'un paragrafo (CF I 1.4) alla consapevolezza del bambino riguardo alla forza centrifuga. Per mettere in luce le sue rappresentazioni cognitive al riguardo, gli mostra un coperchio di scatola legato con una cordicella, su cui è collocata una moneta. Se si fa opportunamente ruotare il semplice marchingegno, è possibile vedere che la moneta non cade. L'Autore chiede allora all'intervistato di fornire una spiegazione del fenomeno. Le risposte ottenute vengono collocate, come sempre, su quattro livelli. "Durante il primo livello (età media 6 anni), il bambino risponde che la moneta non cade perché la scatola ha dei bordi (...) Durante un secondo livello (età media 7 anni); il bambino risponde che la moneta non cade perché la scatola gira in fretta e la moneta non ha il tempo di cadere" (CF p. 25). I livelli successivi si distinguono perché il bambino fa intervenire l'aria, prodotta dalla scatola (terzo livello) o presente nella stanza (quarto livello), per spiegare il comportamento della moneta.

Caso vuole che ai fisici medievali si ponesse un problema molto simile, e cioè quello di come le acque sopra-celesti (che abbiamo già incontrato al punto 21) possano restare dove sono, cioè nella parte più alta del cielo. Al problema vengono fornite soluzioni diverse a seconda di come ci si rappresenta la condizione di tali acque: se cioè esse vengono considerate allo stato liquido oppure si immaginano sotto forma di vapore o come una volta di ghiaccio. Il primo caso è analogo a quello della moneta per i bambini di Piaget.

Riporto dunque esempi delle versioni del fenomeno, ricordando che il secondo livello della precausalità è caratterizzato, dal riferirsi "unicamente alla velocità di rotazione" (CF p. 26) mentre, secondo l'Autore, "a parte Pat, nessun bambino di questo secondo livello ha oltrepassato gli 8 anni" (CF p. 26).

> Lug (8 anni): *"Non cadrà.* - Perché? - *Perché gira veloce.* - Se io vado piano, cadrà? - *Sì.* - Perché cade quando io non giro veloce? - ... *Perché ha il tempo di cadere* (la moneta). - Perché no? - *Perché va troppo veloce."* - CF p. 26 -

> Pat (10 anni): *"La moneta non cadrà.* - Hai già visto? - Sì, *con del latte.* - Perché non cade? - *Perché non ha il tempo di cadere.* - Come succede? - *Perché gira veloce.* - Perché resta su quando si va veloce, e non resta su quando si va lentamente? - *La moneta non ha il tempo di cadere, e poi invece quando si va piano ha il tempo."* - CF p. 26-

> "La prima ipotesi è quella secondo cui la superficie esterna del cielo presenta, come quella della terra, delle protuberanze e delle cavità nelle quali, si dice, sono contenute le acque, e la velocità con cui si muove la sfera è tale da impedire loro di cadere. Di ciò può rendersi conto chiunque, ripetendo l'esperimento con un vaso colmo d'acqua: infatti con quanta maggiore velocità della mano è rotato il vaso, tanto minore è la quantità, di acqua che si perde." - Pseudo Beda *(De mundi coelestis terrestrisques compositione liber* col. 893) CM p. 162-163 -

Infine, facendo riferimento a dati presenti in letteratura più che alle proprie ricerche, Piaget rileva, riguardo al tema della nascita dei bambini, che "anche quando il fanciullo è al corrente perché glie lo si è detto - che il bambino è uscito dal corpo della mamma, continua a chiedere il come della formazione di ogni organo, come se ognuno fosse fabbricato a parte" (RM p. 370-371). Queste preoccupazioni spontanee del fanciullo sono in stretto collegamento con l'artificialismo. Tali ipotesi infantili erano ampiamente diffuse in epoca classica.

"Empedocle ... sostiene una tesi del genere e cioè che dapprima le singole membra sparsamente vennero fuori dalla terra che ne era come pregna; poi si" unirono e formarono la materia dell'uomo completo la quale è un misto di fuoco e di acqua. Questa stessa opinione seguì anche il veliense Parmenide." - Censorino *(De die natali* 4, 7-8) PS 28.A 51 -

"O invero le parti, come il cuore, il polmone, il fegato, l'occhio e ciascuna delle altre, sorgono tutte assieme, oppure successivamente, come si dice nella cosiddetta poesia orfica: là infatti si afferma che l'animale si forma similmente all'intreccio della rete." - Aristotele *(Sulla generazione degli animali* 734a 16-20) SG4.A61.1-5-

Sempre a proposito della nascita, Piaget riporta un caso particolare, che egli giudica caratterizzato da "un artificialismo sempre più immanente, cioè attribuito alla natura stessa" (RM p. 373). La coincidenza tra le parole di Vo (9 anni) ed una delle concezioni più diffuse della biologia di epoca classica (presente anche nel medio evo) è tale che c'è" da chiedersi come sia possibile. una continuità così stretta; ma, almeno in apparenza, si direbbe che le cose stiano proprio così.

> Vo (9 anni): *"E' venuta della gente. - Da dove? - Non so. C'erano delle bolle nell'acqua, e sotto un vermiciattolo, poi è diventato grosso, è uscito dall'acqua, poi si è nutrito, ha messo fuori delle braccia, aveva denti, piedi, una testa, ed è diventato un bambino. - La bolla veniva da dove? - Dall'acqua. Il verme usciva dall'acqua. La bolla è scoppiata. Il verme è uscito. - Che cosa c'era, in fondo all'acqua? - Essa (la bolla) è uscita dalla terra."* - RM p. 373-

Democrito: "Poscia, producendosi delle fermentazioni nella sua superficie pel calore, in molti luoghi si andarono rigonfiando certe parti umide, e si produssero intorno ad esse delle putredini, avvolte da sottili membrane (...) poiché quelle parti umide producevano embrioni per l'azione del calore (...) infine, via via che questi feti così rinchiusi avevano concluso la loro crescita, e le membrane erano disseccate e si laceravano, venivano alla luce le svariatissime specie animali." - Diodoro (I 7, I) PS 68.B.5, 1 -

"Ma essendo la terra ancora fangosa per la precedente umidità, e ribollendo per il calore, creò diversi generi di animali." - Guglielmo di Conches *(Glosae super Platonem - In Timaeum* LII) PM p. 207 -

Piaget sottolinea il grande interesse di questo esempio, ma lo ritiene prodotto da un meccanismo di fabulazione (RM p. 374). Dello stesso parere è anche Lattanzio.

132

"Democrito dice che gli animali sono stati generati dalla riunione di membra inarticolate, avendo primamente l'umido generato i vermi." - Aezio (V 19, 6) PS 68.A.139.-

"E' dunque in errore Democrito, ritenendo che gli uomini siano sorti dalla terra a guisa di vermi senza nessun autore e nessuna ragione." - Lattanzio (*Institutiones divinae* VII 7, 9) PS 68 .B.139 -

Capitolo 6

CONOSCENZA INFANTILE E CONOSCENZA ADULTA

23. Bambini

Attraverso la ricerca proposta in queste pagine spero di avere reso l'idea di come la convinzione piagetiana dell'esistenza di una superiore capacità di descrivere-spiegare i fenomeni del mondo circostante, che interverrebbe in ogni soggetto normale con il raggiungimento di una maturità cognitiva post-puberale, sia forse meno fondata di quanto la scuola di Ginevra voglia sostenere. A mio avviso (e conto di dimostrarlo in termini più circostanziati nell'ambito di occasioni future) tale interpretazione piagetiana delle risposte infantili, al di là della precisione sperimentale con cui sono state raccolte, dipende molto più dall'ideologia filosofica di Piaget che non dalla intima struttura dei meccanismi 'cognitivi da cui tali risposte discendono. Lasciati dunque da parte (per ora) i problemi che concernono lo statuto filosofico dell'epistemologia genetica, mi sembra comunque di avere raccolto indizi sufficienti per ritenere che tutti e tre i criteri sui quali (come abbiamo visto al punto 2) si basa la dottrina piagetiana vengono, in linea di massima, falsificati.

In primo luogo si può ritenere che il pensiero precausale non è separabile dal pensiero causale sulla base di criteri biografici, visto che entrambi sono compresenti a tutte le età, in fasi storiche diverse, anche frammischiati ad ipotesi scientificamente evolute, senza soluzione di continuità.

In secondo luogo, come credo di aver reso abbastanza evidente, il pensiero precausale non solo esiste tra gli adulti in genere ma anche in alcuni tra gli adulti più evoluti sul piano del pensiero formale-astratto, e cioè quelli che vengono definiti scienziati. Nel sistema di

Piaget la successione degli stadi, che secondo un ordine progressivo e regolare si susseguono l'uno all'altro, rappresenta una condizione indispensabile per confermare le sue scelte epistemologiche. Come sottolinea egli stesso: "ogni stadio è caratterizzato da una struttura d'insieme in funzione della quale si possono spiegare le principali reazioni particolari" (Piaget e Inhelder, 1966 p. 130-131) per cui forme e contenuti di ogni livello dovrebbero risultare necessariamente diversi da quelli degli altri stadi. Il che però non avviene, alla luce della presente ricerca, dato che elementi fondamentali di strutture cognitive piagetianamente incompatibili (ad esempio: precausalità con età adulta, ovvero teorie scientifiche formalizzate con ipotesi animiste e realiste) convivono, ed hanno sempre convissuto, senza problemi.

La terza regola aurea, negate le altre due, a prima vista sembra rispettata, ma non nel senso utile alla conferma della teoria piagetiana. In altre parole: quello che viene definito pensiero precausale esiste realmente, nel senso che le ipotesi sulla realtà-causalità che la scuola ginevrina raccoglie presso i bambini sono diffuse in tutti i tempi e in tutte le età. Solo che una vera e propria 'precausalità' può venire isolata dagli altri innumerevoli modi di interpretare il reale non più di quanto può esserlo il comportamentismo, l'epicureismo, la meccanica newtoniana o la scolastica aristotelica. Si tratta di ipotesi esplicative che hanno diritto ad esistere, e che anzi è utile tenere nella dovuta considerazione, ma che in parte si sovrappongono tra loro e non sembrano davvero collocabili l'una sopra o sotto l'altra, salvo che per una scelta di pensiero arbitraria.

Il bambino è realista, animista, artificialista? Sì. Ma solo nel senso che una parte dei suoi pensieri può venire catalogata sotto queste voci, che peraltro non ne escludono altre. Si tratta cioè di una classificazione relativamente artificiosa e convenzionale, istituita secondo i criteri idiosincratici all'ideale scientifico del primo novecento, che può essere utile a scopi didattici-esemplificativi ma a poco di più.

L'adulto è realista, animista, artificialista? Lo è lo scienziato? A queste domande si può forse dare la stessa risposta che per il bambino. Sarebbe difficile distinguere molti presocratici (per non parlare dei primitivi) dai fanciulli, e molti scienziati dai presocratici, e almeno qualche scienziato dai bambini. Se un adulto geniale mantiene fino a tarda età profonde convinzioni, non di rado espresse anche

136

secondo un linguaggio astratto-formale, che un altro adulto geniale definisce proprie ad un bambino di 4 anni, allora deve esserci stato qualche fraintendimento. Forse il secondo ha voluto dimenticare ciò che nel primo (e anche in lui, per la verità) è rimasto.

Se gli unici che raggiungono il livello delle operazioni formali, nelle spiegazioni dei fatti di natura, sono Bacone e il Circolo di Vienna, allora: o il nostro mondo è fatto di bambini, o il pensiero formale astratto è una scelta culturale (ideologica) ancorché interessante e produttiva. O Empedocle, Parmenide, Aristotele, Leonardo e Watson, oltre a mille altri, sono da considerarsi come il buon selvaggio, oppure il pensiero infantile non è da meno di quello adulto, e la precausalità rischia di rimanere una dignitosa fantasia della ragione.

Piaget interroga i bambini di Ginevra, non trova in loro le consapevolezze di alcuni scienziati accademici adulti della prima metà del novecento, né quella di un manuale di fisica, e ne deduce (giustamente) che le ipotesi infantili sono diverse dall'ideologia scientifica degli accademici adulti del primo novecento, e dai manuali di fisica. A questa diversità attribuisce il nome di precausalità, ed in altre occasioni di prelogica. La ricerca piagetiana sulla descrizione-spiegazione del mondo dimostra insomma che il pensiero umano 'spontaneo' si basa su paradigmi diversi da quelli della fisica newtoniana, e che tale diversità è rilevabile in forma macroscopica nel caso del bambino, che non è stato ancora sufficientemente istruito alla scienza adulta.

Una delle scoperte cui Piaget giunge è che molti fanciulli (peraltro non tutti) piano piano apprendono ad esprimere correttamente i principi relativi alle scienze naturali che sono condivisi dagli adulti del loro tempo. Le sue ricerche sulla precausalità non escludono in modo assoluto che a 15 anni le risposte del bambino siano altrettanto infantili (in termini cognitivi o prelogici) che a 10 anni o a 5 o a 3, ma dimostrano che egli utilizza delle espressioni (grosso modo) sempre più accettabili socialmente mano a mano che cresce. Prima di andare a scuola (entro i 5-6 anni) i fanciulli si trovano nei primi stadi della precausalità (cioè della diversità); nel periodo delle scuole elementari (6-10 anni, o chi per essi a seconda delle strutture scolastiche) imparano più o meno a capire gli aspetti formali della cultura adulta ma non a penetrare il (o compenetrarsi nel) suo senso profondo, cioè l'ideologia di base; con la fine di quelle che in Italia sono le scuole dell'obbligo (13-14 anni) acquisiscono abbastanza compiutamente lo stadio delle operazioni formali e, salvo innumerevoli eccezioni e compresenze di pensieri arcaici, si può dire che giungono ai più alti gradi del pensiero concettuale. Lo sviluppo della rappresentazione del mondo, ed il passaggio dalle descrizioni precausali a quelle causali, segue (in molti dei contemporanei) lo stesso ritmo.

Lo sviluppo mentale, in questi lavori di Piaget, somiglia alla storia di un bambino che, a forza di andare a scuola, impara sempre meglio le scienze (e la matematica). Non di rado questa descrizione della crescita intellettuale sembra più pedagogica che psicologica. In un certo senso: non è difficile rovesciare l'interpretazione di Piaget, pur facendo riferimento ai dati da lui raccolti, e constatare come i suoi protocolli dimostrano in primo luogo che l'ideologia scientifica del mondo occidentale-industriale viene appresa dal bambino solo molto lentamente e con una faticosa sovrapposizione rispetto ad altre (molto più 'genuine') credenze. La scuola ginevrina dimostra, e lo dichiara anche volentieri, che la filogenesi della scienza si ricapitola non di rado nell'ontogenesi. Ciò viene confermato anche dalla presente ricerca, nel senso che le strutture di base sembrano essere comuni ad entrambe, e che i contenuti della prima sembrano venir puntualmente insegnati alla seconda.

Da questo punto di vista non può risultare strana nemmeno l'enorme quantità di ricerche ispirate alla scuola di Ginevra, che immancabilmente dimostrano, indipendentemente dall'oggetto a cui si applicano, che le ipotesi scientifiche contemporanee non sono 'innate', e nemmeno facilmente acquisite, da parte del bambino. Non è così strano il fenomeno per cui, qualunque cosa si sperimenti, si possono sempre trovare degli indizi che permettono di affermare che il bambino piccolo non pensa ancora come i libri di scuola, specie prima delle, elementari, mentre, col finire della scuola dell'obbligo, sembra avere imparato.

Credo valga la pena, a questo punto, di rileggere una pagina scritta da Boas negli stessi anni in cui Piaget scopriva la precausalità. Le parole di questo antropologo, al di là di una fiducia forse eccessiva nella plasticità della mente umana e nelle sue capacità di apprendimento acquistano un particolare significato se si ricorda, come abbiamo visto in queste pagine, che gli stessi pregiudizi relativi al

138

pensiero primitivo sono stati proposti da Piaget a proposito del pensiero infantile.

"La differenza tra il modo di pensare dell'uomo primitivo e quello dell'uomo civile sembra consistere in larga parte nella differenza di carattere del materiale tradizionale con cui si associa la nuova percezione. L'istruzione che il primitivo impartisce al proprio figlio non si basa su secoli di sperimentazione, ma consiste nella nuda esperienza delle generazioni. Quando il primitivo acquisisce una nuova esperienza, lo stesso processo mentale che osserviamo nell'uomo civile determina una serie di associazioni completamente diversa e perciò dà luogo a un diverso tipo di spiegazione. Un'esplosione improvvisa forse si assocerà nella mente a racconti mitici sulla storia del mondo, e conseguentemente sarà accompagnata da paura superstiziosa. Una nuova epidemia sconosciuta può essere attribuita ai demoni che perseguitano l'umanità; il mondo esistente *può* essere spiegato come il risultato di trasformazioni, o come l'oggettivazione del pensiero di un creatore.

"Quando vediamo che né tra gli uomini civili né tra quelli primitivi l'individuo medio porta a compimento il tentativo di dare una spiegazione causale dei fenomeni, ma si limita ad amalgamarla con un'altra conoscenza precedente, si deve riconoscere che il risultato dell'intero processo dipende in tutto e per tutto dal carattere del materiale tradizionale. Di qui l'immensa importanza del folklore nel determinare il modo di pensare. Di qui, in particolare, l'enorme influenza sulle masse dell'opinione filosofica corrente, e quella della predominante teoria scientifica sul carattere del lavoro scientifico.

"Sarebbe vano cercare di capire lo sviluppo della scienza moderna senza una comprensione intelligente della filosofia moderna; sarebbe vano cercare di capire la storia della scienza medievale senza conoscere la teologia medievale; e così è vano cercare di capire la scienza primitiva senza un'intelligente conoscenza della mitologia primitiva. *Mitologia, teologia e filosofia* sono termini differenti per le stesse influenze che plasmano la corrente del pensiero umano, e che determinano il carattere dei tentativi dell'uomo di spiegare i fenomeni della natura. Per l'uomo primitivo - cui è stato insegnato a considerare le sfere celesti come esseri animati; che vede in ogni animale un essere più potente dell'uomo; per il quale le montagne, gli alberi e le

139

pietre sono dotati di vita o di particolari virtù - le spiegazioni dei fenomeni si suggeriranno completamente diverse da quelle cui noi siamo abituati, perché basiamo ancora le nostre conclusioni sull'esistenza della materia e della fona come determinanti dei fenomeni osservati. La confusione ingenerata nella mente popolare dalle moderne teorie della relatività, della materia, della causalità, dimostra quanto profondamente siamo influenzati da teorie mal comprese.

"Nelle indagini scientifiche dovremmo tener presente che nelle nostre spiegazioni includiamo sempre un certo numero di ipotesi e teorie, e che non portiamo mai a compimento l'analisi di alcun dato fenomeno. Se lo facessimo, forse il progresso sarebbe impossibile, perché ogni singolo fenomeno richiederebbe un'infinità di tempo per una analisi completa. Però, con troppa facilità ci dimentichiamo affatto della generale, e per la maggioranza di noi puramente tradizionale, base teorica su cui costruiamo le nostre argomentazioni, e finiamo col dare un valore di assoluta verità alle conclusioni raggiunte. Così facciamo lo stesso errore che commettono, ed hanno sempre commesso, tutti i meno colti, inclusi i membri delle tribù primitive. Essi sono più facilmente soddisfatti di quanto non lo siamo noi oggigiorno, ma d'altra parte credono ciecamente nell'elemento tradizionale che entra nelle loro spiegazioni, e perciò accettano come verità assoluta le conclusioni basate su di esso. E' evidente che le nostre conclusioni saranno tanto più logiche quanto minore è il numero degli elementi tradizionali che entrano nel nostro ragionamento, e quanto più chiari cerchiamo di essere riguardo alla parte ipotetica del nostro ragionamento. Non ci sorprende perciò che, nella storia della civiltà, il ragionamento diventi sempre più logico, non perché ciascun individuo eserciti il suo pensiero in maniera più logica, ma perché il materiale tradizionale trasmesso a ciascun individuo è stato meditato ed elaborato più a fondo e con maggiore attenzione" (Boas, 1911-1938 p. 182-183).

C'è da chiedersi se il bambino non capisce o se invece gli mancano gli elementi di conoscenza per capire. Forse gli fa difetto, come ai pre-pitagorici ed ancor meglio ai pre-galileiani, il senso della lingua matematica e del libro della natura, cioè degli elementi soggettivi ed obiettivi che costituiscono il modello concettuale della scienza nel periodo che va dal rinascimento alla scoperta del mondo subatomico.

Egli non capisce, non 'sente', certi criteri quali il determinismo materialista o il metodo sperimentale che in effetti, da un punto di vista storico, si sono affermati recentemente e solo in una parte del mondo abitato, mentre sono stati ignorati per secoli, ed oggi talvolta volutamente messi da parte, dalla stessa cultura adulta. Al bambino, come dimostra Piaget, manca forse il concetto di Scienza.

Per ripeterlo ancora una volta: le spiegazioni fornite dal bambino possono essere definite precausali solo a confronto del particolare fisicalismo causalista in cui Piaget crede profondamente come modello ideale. In pratica: la scuola di Ginevra prova che vi sono delle differenze tra il pensiero degli scienziati che si richiamano alla sua stessa ideologia scientifica e quello degli scienziati che non ci credono.

Se l'adulto dimostra volentieri di ragionare secondo modelli infantili, si può anche ritenere il contrario, e cioè che il bambino ragiona spesso secondo modelli adulti. I moduli esplicativi non sembrerebbero molto diversi, anche se cambia di molto la conoscenza degli ideali scientifici correnti relativi agli oggetti cui tali moduli si applicano. In fondo, i fanciulli dimostrano una certa abilità nel rispondere a molte delle domande poste da Piaget, ed ottengono anche dei buoni risultati conoscitivi se si considera che le loro spiegazioni sono risultate, e risultano, perfettamente convincenti (cioè vere) anche agli occhi di molti adulti. Forse il bambino possiede sin da subito una certa. capacità di costruire interpretazioni fisiche, che poi affinerà con la scuola fino ad avvicinarsi alla fisica dei libri.

Se si pensa agli elementi di conoscenza, ai dati, da cui i fanciulli partono per le loro spiegazioni, si ha la netta impressione che dispongano di una capacità di ragionamento notevole, che potrebbe benissimo essere superiore a quella di molti adulti. E' straordinario che bambini i quali non sanno leggere e non conoscono nemmeno la televisione, come molti degli intervistati di Piaget, siano riusciti a costruire delle interpretazioni così ricche e in qualche modo verosimili. Le esperienze di Piaget sembrano allora dimostrare che il bambino, come l'adulto (ma con una capacità creativa a volte superiore), cerca di interpretare il poco di cui ha esperienza con il poco che conosce, giungendo a dei risultati notevolissimi.

Osservando il carattere 'infantile' del pensiero dei filosofi antichi, Pascal, lungi dal definire precausale la loro scienza, giungeva ad una conclusione che forse Piaget non ha meditato sufficientemente. Questi primitivi (o bambini) infatti "devono essere ammirati nelle conclusioni che hanno bene ricavato dai pochi principi che possedevano, e devono essere scusati in quelle in cui sono stati privi piuttosto della fortuna dell'esperienza che della forza del ragionamento" (Pascal, 1647 p. 275).

24. Adulti

Il grande successo che le teorie di Piaget riscuotono in tutto il mondo dipende in primo luogo dalla ricchezza e dal rigore delle sue sperimentazioni, che hanno fornito protocolli e spunti teorici ad una parte significativa della psicologia contemporanea. Esso si collega però anche alla capacità- consolatoria che la sua dottrina presenta di fronte alla crisi dei fondamenti e della ragione (benché non certo della pratica) scientifica che percorre il nostro tempo.

Qualsiasi psicologo che abbia sperato in cuor suo di possedere una scienza esatta come punto di riferimento sarà ben disposto a tradurre il suo primo amore verso la fisica in una passione per la biologia, di cui l'epistemologia genetica si fa promotrice. Ogni ricercatore desideroso di certezza, che teme il mondo nuovo della scienza precaria (fondata su palafitte ma forse addirittura navigante su piroghe), coltiva il sogno di una conoscenza certa, con tutti gli auspicabili criteri di demarcazione, che permetta di cogliere il senso ultimo delle nostre sperimentazioni e quindi, in qualche modo, ci fornisca un modo corretto di leggere e fotografare, invece che eternamente interpretare, la realtà. Il modello piagetiano (empirico e rigoroso e nel con tempo teorico-epistemologico) fornisce un sistema completo e privo, nelle sue stesse dichiarazioni, di soggettività. In esso l'evoluzione del pensiero, biografica o storica che sia, si propone come una necessità biologica inesorabile, che ci porta sempre più vicino alla verità.

A molti piace pensare che la conoscenza sia progresso, che la rivelazione e la creazione siano favole, che i giudizi di valore e quelli di fatto siano categorie convergenti, benché parallele in quanto strettamente connesse tra loro e riferite allo stesso mondo se pure sulla base di registri differenti. Piaget si pone così nella corrente di chi, posto di fronte al contrasto continuo tra Credo logico e Credo retorico sceglie di risolvere il problema riducendo l'un termine all'altro. La traduzione della fede in una falsa scienza (ovvero l'interpretazione della fantasia come di una perversione della ragione) non sortisce effetti molto diversi da quelli della traduzione della scienza in falsa fede (ovvero l'interpretazione della ragione scientifica come di una scelta eretica). L'epistemologia genetica vuole invece mostrare che la filosofia nuova, come la scienza nuova, è intrinseca alla natura dell'uomo.

Piaget affronta di fatto la Religione ed il pensiero mistico in genere come se si trattasse di un problema di Ragione. Ma, così facendo, oltre a testimoniare il pericolo ovvero l'importanza che l'esistenza di un pensiero ana-empirico o ana-logico presenta per lui (come per la generalità del sogno illuminista), dimostra solo che vi sono modi di leggere il mondo (che non hanno alcuna pretesa di cadere sotto i canoni di una Scienza che non fa parte di loro) i quali utilizzano categorie descrittivo-esplicative differenti da quelle di una parte del razionalismo fisicalista-biologista (di cui l'epistemologia genetica è parte integrante).

La teoria di Piaget consiste per certi versi di un dialogo sui massimi sistemi, cui è difficile che uno scienziato moderno, nel senso pragmatico del termine, si abbandoni. Da una parte egli pone il linguaggio della ragione formale e dall'altra Il linguaggio dell'intuizione. Ma il sentimento mistico religioso (l'animismo-artificialismo), intuito o razionalizzato che sia, è una categoria metafisica che non può venire negata (o dimostrata) empiricamente più di quanto possa esserlo l'esistenza di Dio.

In breve: i semplici parallelismi tra scienza infantile e scienza adulta che abbiamo incontrato in queste pagine, e i molti che vi si potrebbero aggiungere, generano la sensazione che vi sia una continuità maggiore del previsto tra l'ingenuità dei bambini e quella degli scienziati. Ogni archeologia del sapere, che vada appena più in là di quanto è avvenuto nelle Società Scientifiche dal '600 ad oggi, non fa che mostrare la stretta continuità tra le fondamenta e la casa che vi è costruita sopra, tra l'albero e le sue radici: si tratta di fattori complementari, che non possono venire eliminati senza snaturare l'insieme di cui fanno parte.

Le spiegazioni del bambino paiono curiose e paradossali solo agli occhi di un pregiudizio culturale contingente. Esse fanno parte da sempre del patrimonio conoscitivo dell'umanità e si intersecano continuamente con le spiegazioni (non di rado altrettanto curiose) di non pochi adulti. Le differenti categorie socio-storiche di soggetti, che esprimono le medesime interpretazioni dei fatti naturali, si dimostrano assai disparate ed ampiamente distribuite nelle più varie età, sia storiche che biografiche. In effetti sembrerebbe esservi una continua frammistione di elementi proiettivi, scientifici, teorici, intuitivi, empirici, aprioristici, sistematici, fantastici, e via dicendo, in momenti assai diversi della storia del pensiero, il che rende sempre un po' arbitraria la distinzione tra spiegazione e rappresentazione, tra conoscenza e psicologia (o filosofia) della conoscenza. Una tale continuità non può non far pensare a certe conclusioni, a prima vista provocatorie ma a ben vedere non poco acute, di un Feyerabend (1), secondo cui "la scienza è quindi molto più vicina al mito di quanto una filosofia scientifica sia disposta ad ammettere. Essa è una fra le molte forme di pensiero che sono state sviluppate dall'uomo, e non necessariamente la migliore" (Feyerabend, 1975 p. 240). Nel nostro caso verrebbe fatto di sottolineare specialmente la considerazione complementare, e cioè che il mito può risultare molto più vicino alla scienza di quanto una psicologia razionalista sia disposta a credere.

Per molti versi il fanciullo sembrerebbe un empirico non meno di quanto Piaget appaia un intellettuale. Entrambi, in qualche modo, sono filosofi naturali, sebbene il secondo sia più legato alla concezione detta sperimentale dell'empiria. Il mondo infantile acquista di qualità se lo si valuta come una forma di scienza, se si considera il bambino come un fisico-filosofo essenzialmente contemplativo (presocratico? selvaggio? medievale?). Se ci si avvicina ai protocolli infantili come a delle espressioni di un soggetto qualsiasi (ancorché poco scolarizzato) invece che di un soggetto per definizione inferiore alla scienza dell'intervistatore, si avverte una imprevista capacità di partecipare della na-

(1) Devo confessare che non apprezzo più che 'tanto il lavoro di Feyerabend, di cui mi dispiace in primo luogo il tono apodittico ed in qualche modo violento. Tuttavia, poiché egli esprime efficacemente alcune affermazioni che coincidono parzialmente con le possibili conclusioni della mia ricerca, mi è parso utile (e doveroso) citarne alcuni passi, se pure prendendone le distanze.

tura delle cose. Lo s tesso avviene con gli scritti di Eraclito, di Platone o di Leonardo da Vinci. Potrebbe sembrare allora che il bambino non sia molto diverso dall'adulto, oppure che l'adulto non sia molto diverso dal bambino, ovvero che entrambi sono soggetti a pieno titolo.

"In tutti i tempi l'uomo si accostò al suo ambiente con i sensi aperti e un'intelligenza feconda, in tutti i tempi fece scoperte incredibili, in tutti i tempi noi possiamo apprendere dalle sue idee" (Feyerabend, 1975 p. 250). Se al divenire storico affianchiamo quello biografico, l'analogia potrebbe diventare ancora più stimolante. Se fosse vera, come talvolta (se pure certo non sempre) parrebbe, l'affermazione secondo cui, "i pensatori 'primitivi' dimostrano una maggiore comprensione della natura della conoscenza rispetto ai loro rivali filosofici 'illuminati' " (ivi p. 243), varrebbe forse la pena di attribuire una maggiore credibilità ai piccoli selvaggi che ci circondano. Non è affatto detto, insomma, che sia davvero utile istituire una soluzione (cognitiva) di continuità tra la conoscenza ingenua e quella formalizzata.

Verrebbe da chiedersi se esiste davvero una freccia epistemologica paragonabile alla cosiddetta freccia del tempo o alla freccia della causalità. Se cioè l'evoluzione delle strutture concettuali della scienza siano da considerarsi come un biglietto di sola andata, che permette un viaggio in cui ogni stazione è necessariamente diversa e successiva rispetto a quelle già toccate, o se non consiste piuttosto di una sorta di giro in taxi (o in carrozzella) in una città caotica, piena di sensi vietati, dove il punto d'arrivo può risultare vicino, e talora identico, a quello di partenza. La descrizione dello sviluppo scientifico, più che la piramide positivista, pare talvolta una torre di Babele. Mentre il progresso tecnico-pratico procede sempre più speditamente, non è affatto detto che, per quel che concerne i modelli generali di ragionamento, il meglio venga per ultimo. Chi ci garantisce che l'*optimum* non sia stato già pensato prima? e che il seguito non sia altro che un tentativo di recuperare, tra mille artificiose deviazioni, quella prima grande intuizione? Ancora secondo Feyerabend "il sapere di oggi può diventare la favola di domani e il mito più risibile può finire col rivelarsi l'elemento più solido della scienza" (Feyerabend, 1975 p. 44). Si tratta di un'ipotesi. Tuttavia: se in questa ipotesi venisse coinvolto anche il pensiero non completamente socializzato, potrebbe forse uscirne qualche spunto interessante.

"La storia della scienza, le sue tradizioni, le sue origini, le sue potenziali frontiere, sono date sempre da una particolare idea di scienza, quello cioè accettato in un certo periodo da un determinato gruppo di persone (...) Se ne deduce che, malgrado le molte prove portate dai metodologi che cercano criteri universali di demarcazione, la scienza non può essere veramente distinta da altri generi di conoscenza, se non in 'modo convenzionale e insieme condizionato da un giudizio di valore" (Amsterdamski, 1981 p. 533). Può valere la pena di allargare questa chiave di lettura alla vasta, e abitualmente sottovalutata, area della- ragione puerile. In questo senso potrebbe risultare di grande utilità euristica un'analisi del pensiero infantile la quale si sviluppasse secondo gli strumenti approntati dalla storiografia scientifica o dalla ricerca- epistemologica. Si tratterebbe, in un certo senso, di proseguire lungo la strada proposta dallo stesso Piaget, ma rovesciandone i termini alla luce delle ipotesi più recenti.

Oggi come oggi, la storia della conoscenza non viene affrontata come una successione lineare che va dalle tenebre della barbarie alle luci della scienza nuova, bensì piuttosto come un processo assai più complicato (e forse- in pianura piuttosto che in salita). Lo stesso potrebbe accadere per il pensiero infantile. Molta della contemporanea filosofia della scienza, ad esempio in Popper e in Kuhn, dibatte ampiamente il problema della psicologia della scoperta, ovvero della scoperta come psicologia (e viceversa), ma lo fa in genere con riferimento allo scienziato, come se questi fosse in qualche modo diverso da chiunque altro (nelle sue strategie di ragionamento). C'è da chiedersi cosa succederebbe se si applicassero al bambino le stesse chiavi di lettura ideate per lo scienziato di professione, visto che lo scienziato adulto ha spesso avuto le stesse idee del fanciullo.

Può darsi che vi sia continuità, o somiglianza, fra il divenire della cultura scientifica e quello della conoscenza individuale (o rappresentazione del mondo). Non è escluso che il succedersi degli stadi nel pensiero infantile, ammesso che esistano, abbia una struttura simile a quella delle rivoluzioni scientifiche come la propone ad esempio Kuhn (1962-1970). Può darsi che anche *lo* sviluppo individuale proceda attraverso il susseguirsi di periodi di conoscenza normale

146

scanditi da periodi di conoscenza rivoluzionaria; alternanza non molto dissimile dal gioco di assimilazione ed accomodamento in Piaget. In particolare: il concetto di paradigma e quello di egocentrismo assimilativo, relativo a ciascuno stadio, sembrerebbero allora relativamente similari.

Non è detto però, e qui sta una differenza importante rispetto a Piaget (la quale discende da quanto analizzato nella presente ricerca), che gli stadi-paradigmi successivi rappresentino i gradini di una scala evolutiva. Non è questa l'occasione per addentrarci in un problema tanto vasto, tuttavia vale la pena di notare che, se non è di fatto possibile trovare un efficace criterio di demarcazione tra il pensiero adulto e quello infantile, tra scienza e conoscenza, tra pensiero sincretico ed operazioni formali, tra causalità lineare e circolare, può darsi che in modo analogo non si possa distinguere chiaramente, sul piano teorico generale, tra la conoscenza superiore (la scienza) e quella inferiore (la fenomenologia). Ci sono adulti che pensano come bambini e bambini che pensano come adulti, fanciulli watsoniani e fisici animisti: non è detto che i diversi (individuali o storici) momenti cognitivamente rivoluzionari siano necessariamente un progresso.

Radicalizzando questo ambiguo paradosso, qualcuno potrebbe pensare addirittura che gli stadi di Piaget siano esattamente delle rivoluzioni kuhniane, verificatesi originariamente durante le variazioni 'filogenetiche' della scienza e riproposte poi attraverso la scuola ai bambini, i quali tendono infatti ad esprimerle (sebbene con innumerevoli eccezioni) nella loro giusta successione storica: dall'intuitivo-sentimentale al razionalissimo. Forse il bambino possiede spontaneamente, o acquisisce con il linguaggio, una sorta di mentalità presocratica o medievale (o talora selvaggia) da cui si distacca solo successivamente, incalzato com'è dalle contestazioni che gli vengono quotidianamente opposte dall'ideologia scientifica adulta.

L'egocentrismo prelogico e precausale, ovvero "l'egocentrismo logico e l'egocentrismo ontologico" (RM p. 170) che determina secondo Piaget il pensiero infantile (in contrasto con quello adulto), potrebbe venire letto anche come un coraggioso tentativo di non-capitolazione alla concezione fisico-naturalistica dei libri di scuola. La differenza tra la storia della cultura scientifica e quella della conoscenza individuale potrebbe consistere nel fatto che il bambino

147

contemporaneo, a differenza del primitivo, si trova continuamente a confronto con un ideale (uno stereotipo) di scienza già solidamente costituito, già ampiamente preparato a fronteggiare le più sottili impugnazioni, il quale permea tutta la società circostante e finisce col possedere un carattere di regola collettiva cui necessariamente adeguarsi per venire accettati dai gruppi culturali di riferimento.

25. Ipotesi

Forse tutta la differenza che c'è tra il bambino ed alcune affermazioni teoriche di alcuni scienziati contemporanei, ma non certo degli adulti in genere, è quella che Sambursky (1954) rileva tra 'noi' ed il mondo fisico dei Greci antichi: i primi si sforzano di matematizzare ogni istante della propria esperienza e specialmente quello che viene definito il mondo esterno, i secondi concepiscono invece il mondo come un organismo vivente e intenzionato (ovvero determinato anche teleologicamente). Non è detto però che le due tendenze siano inconciliabili, specie considerando le molte perplessità che si accompagnano attualmente all'uso della lingua matematica.

La filosofia della scienza accentua oggi l'aspetto convenzionale della dimostrazione scientifica, che di fatto è difficile da inquadrare in una struttura logica veramente compiuta. Nel contempo sottolinea la validità intuitiva dei risultati di una simile scienza, che appare spesso del tutto convincente nonostante la sua relativa inconsistenza in termini epistemologici approfonditi.

A volte pare esservi una sorta di continuità tra spiegazioni fisiche del tutto diverse. Come certe strutture letterarie sembrano rimanere costanti nei secoli pure al variare dei loro contenuti specifici, dall'epica greca al romanzo d'appendice, così a volte la struttura cognitiva della spiegazione scientifica non pare veramente trasformata dalla sostituzione della simpatia con il flogisto, con i luoghi naturali, le affinità elettive o con lo scambio di elettroni.

La scienza di oggi è straordinariamente più efficace di quella di ieri, e tuttavia i suoi miti e le sue fantasie, che rimangono nelle grandi teorizzazioni dello scienziato indipendentemente dalla qualità empirica delle sue sperimentazioni, non sembrano talvolta molto lontani dai sogni e dalle speranze di sempre. La filosofia della materia, o come si dice oggi la fisica e la chimica, propongono grandi risultati insieme ad ipotesi fantasiose. Talvolta il lavoro dello scienziato non sembra così lontano da quello dell'aruspice se non per la diversa raffinatezza: l'uno esamina vetrini squisitamente colorati, l'altro si limita ai visceri dell'agnello nella loto totalità. Del resto: anche nell'analisi dei fondi di caffé è in qualche modo presente il paradigma della sperimentazione provocata. Per certi versi la scienza esiste *nonostante* gli scienziati. L'uomo è arrivato sulla luna e sa prevedere molti fenomeni elementari, però crede fermamente in un atomo che nessuno ha mai visto e che sembra esistere sempre meno ogni giorno che passa, almeno nei termini in cui si compiace di intuirlo l'immaginario collettivo. La coesistenza della teoria ondulatoria e di quella corpuscolare relativamente ai fenomeni luminosi, entrambe vere se pure reciprocamente incompatibili sul piano della coerenza epistemo-logica, non ha impedito, pur nella sua impossibilità logico-causale (o mentale), lo sviluppo dell'ottica. Non sono poche le occasioni in cui, accanto a grandi differenze sul piano dei più raffinati artefatti culturali, si rilevano anche molte somiglianze tra scienziati e profani sul piano del modo di avvicinare i problemi e di costruire eternamente ipotesi ed attribuzioni (generali, metafisiche, precausali) le quali vanno ben al di là dei 'fatti'. La distinzione tra Ragione e Non-ragione, tra Adulto e Bambino, tra Logica e Prelogica, tra Causalità e Precausalità, potrebbe insomma consistere di un pregiudizio dell'osservatore molto più che di un dato di fatto.

Ancora secondo Feyerabend "la separazione di scienza e non scienza è non soltanto artificiale ma anche dannosa per il progresso della conoscenza" (1975 p. 249). Non dare ascolto all'anima senti-mentale per privilegiare aprioristicamente quella razionale può significare una notevole perdita di spunti creativi anche sul piano scientifico, oltre a nascondere arbitrariamente i contenuti affettivi che sono in realtà alla base di una parte della logica stessa. Più ancora: questa distinzione tra Sentimento e Ragione non ha motivo d'essere se non nell'illusoria speranza di trovare una definizione (per contrasto) ai propri pregiudizi sulla realtà. Storia (o filosofia?) della scienza (o conoscenza?), epistemologia, psicologia (genetica?) sem-brano avere almeno qualcosa in comune.

149

Di fronte alle continuità che sembrano indubbiamente esservi tra spunti assai diversi del pensiero primitivo, infantile, scientifico, non-scientifico, infondato, c'è da chiedersi se, pur senza togliere nulla all'indispensabile rigore purificatorio di una seria epistemologia, non valga la pena di fare più attenzione al pensiero non formalizzato. Potrebbe esservi qualche utilità euristica nello studio del realismo 'spontaneo', in quanto modello fenomenico di costruzione delle categorie di concettualizzazione del reale. Si tratterebbe però di ascoltare lo scienziato ingenuo, adulto o infantile che sia, così come si ascolta lo scienziato professionale: non per studiarlo, cercando in lui il riflesso delle nostre precostituite categorie analitiche, bensì per sentire che cosa ha da dirci.

Di fronte alla situazione di stallo che talvolta sembra percorrere la nostra scienza, da un punto di vista epistemologico, Feyerabend propone come soluzione una sorta di *brain-storming* universale, basato sul principio secondo cui "per una conoscenza obiettiva è necessaria la varietà di opinione" (Feyerabend, 1975 p. 39) e quindi "l'unico principio che non inibisce il progresso è: qualsiasi cosa può andar bene" (ivi p. 21). Questa riedizione della *creativité au pouvoir* (che sembra echeggiare proprio quella arbitrarietà esplicativa che Piaget vuole negare in quanto caratteristica del pensiero prelogico), se non viene impiegata contro la scienza ma accanto ad essa, può rappresentare una fonte interessante di stimoli conoscitivi. Paradossalmente, un aiuto al progresso della conoscenza potrebbe derivare dal chiacchiericcio ozioso con l'uomo-della-strada, o con il bambino, per ritrovare in loro quei paradigmi dimenticati che certi sogni (o sonni) della ragione hanno relegato nelle regioni dell'infantile e dell'innocente. Ma, invece che far parlare il nostro interlocutore, cercando maieuticamente di provocare in lui un parto intellettuale che noi stessi abbiamo inseminato, bisognerebbe più semplicemente starlo ad ascoltare.

Di fronte all'accavallarsi delle opinioni, ed alla difficoltà di ridurre l'una all'altra le scienze in contrasto, Giamblico *(De anima)* dichiara: "Assai meglio Eraclito ritenne che le opinioni umane sono soltanto «giuochi di fanciulli»" (PS 22.B.70). Può darsi che da questo frammento eracliteo, attentamente depurato della presuntuosa superiorità che la maggiore età dei nostri contemporanei si è autoattribuita, possa essere ricavata un'indicazione epistemologica di considerevole portata.

ABBREVIAZIONI DELLE FONTI

Le citazioni da testi classici sono siglate con riferimento ad edizioni italiane generalmente accreditate. Nel caso di antologie (come PS e SG) i passi vengono identificati tramite la siglatura specifica della raccolta oppure, in mancanza di questa, indicando la pagina in cui sono reperibili; viene comunque riportata (fra parentesi) la fonte originale quale è dichiarata dal Curatore. La traduzione è sempre, testualmente, quella contenuta nelle edizioni citate; nei pochi casi in cui non è presente un testo italiano, la versione (dall'originale latino, se c'è, altrimenti dall'inglese) è di chi scrive.

ARISTOFANE : NUBI = Aristofane, *Le nubi*, in: *Le commedie*, a cura di F. Ballotto, Milano: Rizzoli, volume 1,1964, p. 183284.

ARISTOTELE : ANIMA = Aristotele, *L'anima*, a cura di A. Barbieri, Bari: Laterza, 1957.

ARISTOTELE : FISICA = Aristotele, *La fisica*, a cura di A. Russo, Bari: Laterza, 1968.

ARISTOTELE : GENERAZIONE = Aristotele, *Generazione e corruzione*, a cura di P. Cristofolini, Torino: Boringhieri, 1963.

ARISTOTELE : METEOROLOGICA = Aristotele, *Meteorologica*, a cura di L. Pepe, Napoli: Guida, 1982.

ARISTOTELE : TRATTATO SUL COSMO = Aristotele, *Trattato sul cosmo per Alessandro*, a cura di G. Reale, Napoli: Loffredo, 1974.

ARISTOTELE- TOMMASO (?) : OPERA NUOVA = Aristotele, *Opera nuova la quale tratta della filosofia naturale, chiamata la Metaura d'Aristotele, chiosata da San Thomaso d'Aquino.*

Partita in tre libri: Delli elementi & *congiungimento de Cieli; Delle cose che sono generate in alto; De venti,* & *della loro materia,* Vinegia : Comin Da Trino, 1554.

BOEZIO : CONSOLAZIONE = Severino Boezio, *La consolazione della filosofia,* a cura di R. Del Re, Roma: Edizioni dell'Ateneo, 1968.

CF = *La causalità fisica nel bambino,* di J ean Piaget (edizione originale: Parigi, 1927), traduzione di B. Garau con introduzione di G. Petter, Roma : Newton Compton, 1977.

CM = *Cosmologie medioevali,* a cura di G.C. Garfagnini, Torino: Loescher, 1978.

DELLA PORTA: EFFETTI DALLA NATURA = Giovanbattista Della Porta, *De i miracoli et meravigliosi effetti dalla natura prodotti,* Venezia, 1560.

EPICURO : PITOCLE = Epicuro, *Lettera a Pitocle,* riportata per esteso in: VF p. 510-520.

HMES = *A history of magic and experimental science,* di L. Thorndike, New York: MacMillan & Columbia University Press, 1923-1941.

LEONARDO : SCRITTI = Leonardo da Vinci, *Scritti scelti,* a cura di A.M. Brinzio, Torino: UTET, 1952.

LUCREZIO : NATURA = Tito Lucrezio Caro, *La natura,* a cura di O. Cescatti, Milano: Garzanti, 1975.

ML = *Miti e leggende,* a cura di R. Pettazzoni, in 4 volumi, Torino: UTET, 1948-1963.

OMERO : ODISSEA = Omero, *Odissea,* a cura di L Pindemonte, Torino: UTET, 1944.

PLATONE: CRA TILO = Platone, *Cratilio,* a cura di M. Buccellato, Torino: Loescher, 1979.

PLATONE: FEDRO = Platone, *Fedro,* a cura di C. Diano, in: *Dialoghi,* Bari: Laterza, volume III, 1934, p. 77-152.

PLATONE: FEDONE = Platone, *Fedone,* a cura di M. Valgimigli, in: *Opere complete,* Bari: Laterza, volume I, 1982, p. 93185.

PLINIO: STORIA NATURALE = Plinius, *Natural history,* volume X a cura di D.E. Eichholz, Cambridge Mass.: Harvard University Press, 1967.

PM = *Philosophia mundi: natura, uomo, scienza nella rinascita del XII secolo,* a cura di G. Garancini, Milano: Bietti, 1974.

PS = *I presocratici: frammenti e testimonianze,* a cura di G. Giannantoni e con traduzioni di P. Albertelli, V.E. Alfieri, G. Giannantoni, R. Laurenti, A. Maddalena, M. Timpanaro-Cardini, Bari: Laterza, 1981.

RM = *La rappresentazione del mondo nel fanciullo,* di Jean Piaget (edizione originale: Parigi, 1926), traduzione di M. Villaroel con introduzione di G. Petter, Torino: Boringhieri, 1966.

RO = *Il ramo d'oro: studio sulla magia e la religione,* di J.G. Frazer (diverse edizioni tra *il* 1890 ed il 1922, la presente versione è tratta da quella del 1922), traduzione di L. De Bosis, Torino: Boringhieri, 1973.

SENECA : QUESTIONI = Seneca, *Naturales quaestiones,* a cura di T.H. Corcoran, Cambridge Mass.: Harvard University Press, 1971.

SBMS = *A source book of medieval science,* a cura di E. Grant, Cambridge Mass.: Harvard University Press, 1974.

SG = *La sapienza greca,* a cura di G. Colli, Milano: Adelphi, 1977-1980.

TELESIO : RERUM NATURA = Bernardino Telesio, *De rerum natura,* a cura di L. De Franco, Cosenza: Casa del Libro, 1965--1974.

TOMMASO : CONTRA GENTILES = San Tommaso d'Aquino, *Somma contro* i *gentili,* a cura di T.S. Centi, Torino: UTET 1975.

VF = *Vite dei filosofi, di* Diogene Laerzio, a cura di M. Gigante, Bari: Laterza, 1962.

VICO: SCIENZA NUOVA = Giovanbattista Vico, *La scienza nuova e altri scritti,* a cura di N. Abbagnano, Torino: UTET, 1976.

VIRGILIO : ENEIDE = Publio Virgilio Marone, *Eneide,* a cura di A. Caro, Torino: UTET, 1954.

WATSON : SCRITTI = *Antologia degli scritti di J.B. Watson,* a cura di P. Meazzini, Bologna: Il Mulino, 1976.

- I *passi biblici* sono tratti da: *La sacra Bibbia,* Milano: Edizioni Paoline, 1974.

155

RIFERIMENTI BIBLIOGRAFICI

I testi vengono indicati con l'anno dell'edizione originale. Le citazioni dalle opere edite in lingua straniera sono tratte però (ove reperibili) dall'edizione italiana.

AMSTERDAMSKI S. (1977). Causa/effetto. In: *Enciclopedia*. Torino: Einaudi, vol. 2,823-845.

ARENS W.E. (1979). *Il mito del cannibale: antropologia e antropofagia*. Torino: Boringhieri, 1980.

BACON F. (1620). *Novum organon*. Bari: Laterza, 1968.

BISWAS A.K. (1970). *History of hydrology*. Amsterdam-London: North Holland Publishing Co.

BOAS F. (1911-1938). *L'uomo primitivo*. Bari: Laterza, 1972. BOSCH-GIMPERA P. (1970). *L'America precolombiana*. Torino: UTET.

CANTONI R. (1963). *Il pensiero dei primitivi*. Milano: Il Saggiatore. CHIESA-ISNARDI G, (1977): Il fabbro sovrumano nella letteratura nordica. In: Autori Vari: *Il superuomo e i suoi simboli nella letteratura moderna*. Firenze: La Nuova Italia, val. 5, 11-40.

CLAGETT M. (1959). *The science of mechanics in the middle ages*. Madison WI: University of Wisconsin Press.

DAUMAS M. (1957). Le scienze fisiche nei secoli XVI e XVII. In: *Storia della scienza*. Bari: Laterza, vol. 3, 1976, 3-43.

DIJSTERHUIS E-]. (1950). *Il meccanicismo e l'immagine del mondo dai presocratici a Newton*. Milano: Feltrinelli, 1971.

DI NOLA A.M. (1970). Cielo. In: *Enciclopedia delle religioni*. Milano: Vallecchi, vol. 2, col. 159-183.

DOGANA F. (1982). *Suono e senso*. Milano: Angeli.

DONADONI S. (1958). Scienze dell'Egitto antico. In: *Le civiltà dell'oriente*, a cura di G. Tucci, Roma: Casini, vol. 3,31-52.

FANO G. (1962). *Saggio sulle origini del linguaggio. Con una storia critica delle dottrine glottogoniche.* Torino: Einaudi.

FEYERABEND P.K. (1975). *Contro il metodo: abbozzo di una teoria anarchica della conoscenza.* Milano: Feltrinelli, 1979.

FLA VELL J. H. (1963). *La mente dalla nascita all'adolescenza nel pensiero di Jean Piaget.* Roma: Astrolabio, 1971.

FONTE NELLE B. de (1686). *Conversazioni sulla pluralità dei mondi. Dialoghi dei morti.* Milano: Bompiani, 1945.

FREUD S. (1900). *L'interpretazione dei sogni.* Torino: Boringhieri, 1966.

HALL C. (1968). Dreams. *International Encyclopaedia of the Social Sciences*, New York: Crowell Collier and Macmillan, vol. 4, 258-264. ,

HOFSTATTER P.R. (1957), a cura. *Psicologia.* Milano: Feltrinelli, 1964.

HUME T. (1739). *Trattato su l'intelligenza umana.* Bari: Laterza, 1926.

JAMMER M. (1957). *Storia del concetto di forza.* Milano: Feltrinelli, 1971.

KNOWLES-MIDDLETON W.E. (1965). *A history of the theories of rain and other forms of precipitation.* London: Oldbourne.

KOHLER W. (1947). *La psicologia della Gestalt.* Milano: Feltrinelli, 1967.

KROEBER A.L. (1923-1948). *Anthropology. Race, la nguage, culture, psychology, prehistory.* New York: Harcourt Brace.

KUHN T.S. (1962-1970). *La struttura delle rivoluzioni scientifiche.* Torino: Einaudi, 1976.

LAURENDEAU M., PINARD A. (1962). *Il pensiero causale.* Firenze: La Nuova Italia, 1977.

LEVY-BRUHL. L. (1922). *La mentalità primitiva.* Torino: Einaudi, 1966.

LEVY-BRUHL L. (1927). *L'anima primitiva.* Torino: Boringhieri, 1948.

LEWIN K. (1931). Il conflitto fra una concezione aristotelica ed una concezione galileiana nella psicologia contemporanea. In: *Teoria dinamica della personalità.* Firenze: Universitaria, 1965, 9-50.

158

MAGGI E. (1958). *Civiltà africane*. Milano: Zibetti.

MASON S.F. (1956-1962). *Storia delle scienze della natura*. Milano Feltrinelli, 1971.

MAUSS M. (1947). *Manuale di etnografia*. Milano: Jaca Book, 1969

MEEK R.L. (1976). *Il cattivo selvaggio*. Milano: Il Saggiatore, 1981.

PASCAL B. (1647). 'Prefazione al trattato sul vuoto. In: *Pensieri opuscoli, lettere*. Milano: Rusconi, 1978,269-277.

PERUSSIA F. (1983). *Ricerche sul pensiero precausale: una rassegna (1962-1982)*. Milano: Reports from the Institute of Psychology Medical Faculty.

PETTER G. (1960). *Lo sviluppo mentale nelle ricerche di Jean Piaget*. Firenze: Universitaria.

PIAGET J. (1923). *Il linguaggio e il pensiero nel fanciullo*. Firenze Universitaria, 1955.

PIAGET J. (1924). *Giudizio e ragionamento nel bambino*. Firenze, La Nuova Italia, 1958.

PIAGET J. (1940). Lo sviluppo mentale del bambino. In: *Lo sviluppo mentale del bambino e altri studi di psicologia.*. Torino Einaudi, 1967, 11-78.

PIAGET J. (1950-1966). Autobiografia. In: AA.VV. *Jean Piaget le scienze sociali*. Firenze: La Nuova Italia, 1973, 111-196.

PIAGET J. (1962). Prefazione. In: Laurendeau e Pinard (1962 XV-XX.

PIAGET J. (1963). Il pensiero del bambino piccolo. In: *Lo sviluppo mentale del bambino e altri studi di psicologia.*. Torino: Einaudi, 1967,81-91.

PIAGET J. (1970a). L'epistemologia genetica. In: *Psicologia ed epistemologia*. Torino: Loescher, 1971,1-27.

PIAGET J. (1970b). *Conferenze sulla epistemologia genetica*. R ma: Armando, 1972.

PIAGET J., a cura di (1971). *Le teorie della causalità* Einaudi: Trino, 1974.

PIAGET J. (1977). *Intervista su conoscenza e psicologia*. A cura di J-C. Bringuier, Bari: Laterza, 1978.

PIAGET J., GARCIA R. (1971). *Esperienza e teoria della causalità*.

159

Bari: Laterza, 1973.

PIAGET J. INHELDER B. (1966). *La psicologia del bambino.* Torino: Einaudi, 1970.

PIERANTONI R. (1981). *L'occhio e l'idea: fisiologia e storia della visione.* Torino: Boringhieri.

POPPER K.R. (1934-1968). *Logica della scoperta scientifica.* Torino: Einaudi, 1970.

POPPER K.R. (1953). La scienza: congetture e confutazioni. In: *Congetture e confutazioni.* Bologna: Il Mulino, 1972, 61-115.

ROHEIM G. *(1972). Animismo, magia e il Re Divino.* Roma: Astrolabio, 1975.

RONCHI V. (1954). Leonardo e l'ottica. In: AA.VV. *Leonardo: saggi e ricerche.* Roma: Istituto Poligrafico dello Stato, 159-185.

SAMBURSKY S. (1954). *Il mondo fisico dei Greci.* Milano: Feltrinelli, 1967.

SAPIR E. (1930). Language. *Encyclopaedia of the Social Sciences,* London: Mc Millan, vol. 9, 155-169.

SKINNER B.F. (1974). *About behaviorism.* New York: Knopf.

SOMENZI V. (1954). Leonardo ed i principi della dinamica. In: AA.VV. *Leonardo: saggi e ricerche.* Roma: Istituto Poligrafico dello Stato, 145-157.

WERNER H. (1948). *Biologia comparata dello sviluppo mentale.* Firenze: Giunti, 1970.

ZOLLA E. (1969). *I letterati e lo sciamano.* Milano: Bompiani.

INDICE DEI NOMI

Viene omesso il nome di Jean Piaget (che ricorre nella gran parte delle pagine), gli pseudonimi che egli utilizza per indicare i soggetti, e in genere tutti i nomi che non si riferiscono ad autori, scienziati e testimoni, nonché quelli ci tati nelle appendici (da pag. 152 in poi).

163

English summary*

THE PRECAUSAL REASON
The conception of the world in maturity and in infancy

This research represents a critical approach the Jean Piaget's theories on the conception of the world (1926) and physical causality (1927), as developed in children from precausal thinking, which is characterized by realism, animism and artificialism, to causal thinking. From a review (Perussia 1983) of nearly seventy recent studies that followed the work of Laurendeau and Pinard in 1962, it appears that the matter of precausal thinking is still controversial, i.e., though most researchers in this field agree that children have precausal thinking in the Piagetian sense, the data and their interpretation differ depending on the author.

In this book I compare Piaget's protocols with the writings of many classical scientists, from ancient times to the 20th century, and with the cosmologies and meteorologies of a few "primitive" (but adult and often contemporary) thinkers. The similitarities noted between adult and infantile thinking in numerous adult ancient or modern philosophers and/or physicists serve to question Piaget's notion of infantile or "precausal" thinking as structurally divergent from adult or "causal" thinking. For example, the infantile conviction that thought is equivalent to silent speech is shared by J. B. Watson. The child's belief that "visual rays" emanating from the eyes account for sight was a part of almost all optical science (Empedocles, Hipparchus, Bemard Of Tours, Della Porta), at least until the Renaissance. The notion that an object is nearly identical to its name pervades not only classical texts (e.g., Plato,

* I thank Ms Marina Hoffman (at The Wistar Institute of Anatomy and Biology. Philadelphia Pa) for her editing of the English summary.

the Bible), but also the contemporary theory of natural signs (e.g.: Kohler). Democritus, Cicero, Freud and others believed, as dc children, that dreams originate in the external world in a realistic sense, i.e., a dream comes from some other place; it is an effect 01 daily experience, and so on. The child's belief that thinking and air: or better *pneuma*, are actually the same thing is shared by Antipater Zeno, Diogenes of Apollonia. The classification of objects as alive or not alive, and with and without force, and the criteria used b) children for such distinctions, are also present (in even more "animistic" ways) in the works of 'primitive' physicists, Democritus Thales, Aristotle, St Thomas, Leonardo, Peter Abelard, and Nicola Cusano, and throughout the entire history of the concept of Force The conception of the world as a continuous transformation of , few basic elements, mainly air but also water, Fire and earth, is rendered with the same child-like words in the works of Anaximenes Aristotle, Pseudo Bede, Telesio, and others. The primitive cosmogonies of Empedocles, and Honorius of Autun, for example, reflect the child-like notion that the sky is solid and stays up because i moves rapidly. The infantile confusion between wind and the objects it seems to move, such as clouds, waves, and stars, is also found in, for example, Aristotle, Alexander Neckam, Leonardo and others. The infantile conviction that wind derives from dust i: shared by Epicurus and Aristotle. Infantile concepts of the lunar and solar phases are found in Empedocles, Xenophon, Heraclitu: and notions of night are found in primitive meteorologies and in the works of Parmenides, Pythagoras, Alan of Lille, and others. Children's explanations of thunder, lightning and rain are common in primitive meteorologies, and in the physical philosophies of Leucippus, Anaxagoras and Lucretius. Artificialistic thinking that God manufactured the different aspects of the world in the same way that man produces tools pervades many religions (see the Bible) and also many layman thinkings (e.g., Stoicism). Radically artificialistic concepts about wind, rain, and clouds are found in the primitive physics of Epicurus, Aristotle and Seneca. Finally, a series of peculiar cases in which singular "precausal" children's explanation coincide with singular affirmations of scientists are presented

166

From the data presented. I offer the reader some conclusion and some hypotheses for future research. The Piagetian distinction between causal and precausal thinking becomes blurred, as adults of very different eras and children explain phenomena in a remarkably similar fashion. Thus, the Piagetian distinction between adult and infantile thinking must be re-evaluated and the possibility of a greater continuity between adult and infantile thinking than expected must be considered. Perhaps "causal" thinking can be better defined as the learning of natural sciences by a child in school. Many adults reason in the same way that children do, and many children reason as adults. It is therefore probably heuristically useful to consider children as intellectually creative scientist-philosophers who operate outside the framework of academic contemporary science. Successive stages do not necessarily represent progress over previous ones; they might simply be different.